旅游礼仪研究

蒋晨丽　著

中国广播影视出版社

图书在版编目（CIP）数据

旅游礼仪研究 / 蒋晨丽著. — 北京 ：中国广播影视出版社，2024.5
ISBN 978-7-5043-9231-2

Ⅰ．①旅… Ⅱ．①蒋… Ⅲ．①旅游业－礼仪－研究 Ⅳ．①F590.63

中国国家版本馆CIP数据核字(2024)第103035号

旅游礼仪研究

蒋晨丽　著

责任编辑	王　萱	
封面设计	谢少红	
版式设计	优盛文化	
责任校对	龚　晨	

出版发行	中国广播影视出版社
电　　话	010-86093580　010-86093583
社　　址	北京市西城区真武庙二条 9 号
邮　　编	100045
网　　址	www.crtp.com.cn
电子信箱	crtp8@sina.com

经　　销	全国各地新华书店
印　　刷	河北万卷印刷有限公司

开　　本	710毫米×1000毫米　1/16
字　　数	200（千）字
印　　张	15
版　　次	2024 年 5 月第 1 版　2024 年 5 月第 1 次印刷

书　　号	ISBN 978-7-5043-9231-2
定　　价	79.00元

前　言

　　旅游业是为旅游者提供旅行游览服务的行业，它的广泛性不仅表现在业务范围、地域广度上，还体现在涉及的人群数量以及参与者的多样性上。每年，全球各地有数亿人参与到各种形式的旅游活动中。从观光旅游、休闲旅游到文化旅游、生态旅游、商务旅游，人们通过旅游体验新的风土人情，挖掘历史文化，拓宽生活视野，丰富生活体验，而这也带动了地方经济的发展，促进了各地区之间的文化交流和人际交往。

　　在这种大规模的人际交往中，礼仪规范成了维持社会秩序、促进沟通理解、增进友谊的重要工具。礼仪规范不仅关乎个人行为的得体与否，还体现了一个地区、一个民族的文化底蕴和生活习俗。尤其是在不同文化背景的人们相互交往的过程中，遵守礼仪规范可以帮助人们消除误解，拉近距离，实现和谐共处。旅游业的特殊性在于其客户群体多元化、文化背景差异大，旅游者可能来自世界各地，有着不同的语言、信仰、习俗和行为规范，这就使得旅游礼仪的研究和实践成为一项极具挑战性的工作。

　　本书的第一章对旅游礼仪的概念、要素、历史演变及影响进行全面阐述，尝试为读者构建基础的理论框架。第二章至第五章重点探讨旅游从业人员的礼仪要求，涵盖个人礼仪、日常交往礼仪、社交礼仪、岗位礼仪，旨在为读者提供一套全面且具有操作性的礼仪规范。第六章、第七章从旅游业商务礼仪到旅游景区服务礼仪，试图拓展旅游礼仪的更多外延，以帮助旅游从业人员在各种场合做到得体、自如。第八章从新兴旅游的形态与礼仪需求、数字化技术在旅游礼仪中的应用方面出发，提出了可持续旅游与社会责任的礼仪倡议，同时为旅游礼仪的创新发展提供了思路。

　　笔者期望这本《旅游礼仪研究》能为读者提供有价值的参考，使读者更好地理解和实践旅游礼仪，从而提升旅游行业的服务质量，推动旅游行业的持续健康发展。鉴于笔者水平有限，书中难免存在一些不足之处，敬请各位同行及专家、学者斧正。

目　录

第一章　旅游礼仪概述

第一章 现代几何造型

第一节　礼仪与旅游礼仪

一、礼仪

礼仪是一个社会概念，这一概念综合了伦理道德、个人修养、交际方式以及审美形式等多方面的要素。在社交领域，礼仪作为一种基础的行为准则，不仅可以改善人们的人际关系，还是体现个人素质和修养的重要方式。

在人际交往中，言谈举止的每一个细节都能流露出彼此间相待的态度，尊重自己、尊重他人是人际交往的通行证。尤其在一些特定的场合，如公共场所、社交聚会，适当的礼仪更是人们显示尊重和友好的重要手段。这一规范可以营造友好、和谐的社会氛围，减少人们沟通中的误解和冲突。

然而，礼仪的价值远不止于此。从审美角度看，礼仪是人内在美的外化，是一种形式美的体现。它给予人际交往优雅的形式，赋予生活更多的文化内涵和精神意义。无论在个人层面还是社会层面，礼仪都以其独特的价值和意义，成为人们社交、生活的重要组成部分。

二、旅游礼仪

从广义上讲，旅游礼仪是旅行者在旅行过程中应遵循的一套行为规范。这套规范是一种社会契约，它不仅存在于旅行者与接待社区之间，还关乎旅行者对环境的影响。它以平衡、和谐为核心，旨在确保旅行者、当地社区以及环境之间的互动能在相互尊重的基础上进行。

其中，对文化的尊重和理解是旅游礼仪的重要组成部分。每一个地方都有其独特的文化和社会规范，旅行者有责任去学习和理解这些习俗，并在行为上予以体现。这样，旅行者不仅可以在新的文化环境中找到自己的位置，也能在与当地居民的交流中建立起基于相互尊重和理解的关系。从环保的角度看，旅游礼仪着重强调游客对环境的责任。这包括尽力减少旅行活动对环境的负面影响，如避免对自然环境和野生动物的干扰，以及控制资源的消耗。这种对环境的尊重和保护，不仅要求旅行者遵守法规，更要求他们以行动践行环境的完整性和持续性。旅游礼仪还包括一系列的社会行为规范，如言谈举止要得体、避免在公共场所大声喧哗、对他人表示尊重等。这些行为规范维护了社会秩序，也体现了旅行者的修养和素质。

第二节　旅游礼仪的要素

一、职业道德

职业道德是人们在一定的职业活动范围内遵守的行为规范的总和，它既是对从业人员在职业活动中的要求，又是本行业对社会承担的道德责任和义务。[①]职业道德的主要内容如图 1-1 所示。

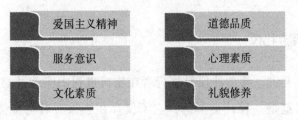

图 1-1　职业道德的主要内容

---

① 　熊鹤群：《旅游礼仪》，中国财政经济出版社 2007 年版，第 15 页。

（一）爱国主义精神

坚定的爱国主义精神是每个公民应该秉持的价值观念。爱国主义精神是一种强烈的民族情感，是对自己国家和民族的热爱和认同。这不仅仅是一种情感，更是一种信仰和行动。在我国的历史长河中，无论是对生活的热爱、对自由的向往，还是对幸福生活的追求，都充分体现了中华儿女的爱国主义精神。旅游服务人员应该具有坚定的爱国主义精神，并付诸行动，为我国的繁荣发展贡献自己的力量。

（二）道德品质

道德品质是个人在道德行为中表现出来的比较稳定的、一贯的特点和倾向，是一定社会的道德原则和规范在个人思想和行为中的体现。不同的时代，人们的道德观念不同，道德标准也有所差异。但无论怎么变化，道德品质始终是人与其他生物的根本区别。道德品质高尚的人能够赢得他人的尊重和信任，在社会交往中拥有强大的吸引力。然而，道德品质的形成并非一蹴而就，而是在日常生活中、在人与人的交往中逐渐积累的。一个人只有具备高尚的人格和品行，才能够经得起时间的考验，赢得他人的尊重。因此，旅游服务人员在日常工作中应在积极提升自己的专业素质的同时，保持良好的道德品质，为游客提供优质的服务。

（三）服务意识

在旅游服务行业，服务意识是至关重要的。这一意识既是人的头脑对客观世界的反映，也是感知、理解和思考服务的结果，与职业道德、价值观念和文化修养等有着密切的联系。服务人员的职业道德、价值观念和文化修养直接影响甚至决定着自身服务意识的形成。服务人员只有良好的服务意识，才能提供优质的服务，一旦缺乏服务意识，则可能导致服务效果差。

想要保持在竞争激烈的旅游市场上的领先地位，旅游企业必须培养员工的服务意识。服务意识主要体现在以下两个方面：一是服务第一。"宾客至上"是现代旅游服务行业的基本共识，然而如何将这一共识落实到服务中，使之成为所有员工共同遵守的行为准则，仍需要具体化。无论在旅途中的何种场合，服务人员都应坚持服务第一的原则。二是一视同仁。提供服务是为所有的客户服务，不应因客户的背景、地位或经济状况的不同而有所区别。对旅游企业来说，有热情的微笑、周到的服务，才能与客户建立起平等的关系。任何对客户的怠慢都是对这种平等原则的违背。

（四）心理素质

心理是指人的头脑反映客观现实的过程，如感觉、知觉、思维、情绪等，一般泛指人的思想、感情等内心活动。人们参加社交活动，需要有健康的心理素质。这种健康的心理素质主要表现为具有良好的心态和抗压能力。[①]

在旅游服务行业中，员工不仅需要具备专业知识和良好的服务意识，更需要健康的心理素质。一方面，良好的心态能够使服务人员避免过高或过低地估计自己，保持积极的情绪，真诚地对待每一位客户，避免因个人的猜疑、嫉妒等消极情绪影响服务质量。另一方面，具备良好的抗压能力也是服务人员健康心理素质的重要体现。在旅游服务行业中，服务人员常常需要面对各种挑战，如客户的投诉、工作的困难等。只有具备抗压能力，服务人员才能在面对挫折或失败时保持乐观的心态，积极应对各种困难，从而为客人提供高质量的服务。

（五）文化素质

具备深厚的历史文化知识是旅游服务人员必备的一种素质。对本地的历史文化，他们需要了如指掌，能将历史故事、文化遗迹、风俗习惯

---

① 熊鹤群：《旅游礼仪》，中国财政经济出版社 2007 年版，第 16 页。

等详细、准确地传达给游客。同时，他们要对世界历史文化有所了解，这样才能在面对来自不同国家和地区的游客时，更好地尊重并理解他们的文化。另外，掌握一定的外语知识也是必要的，这样他们才能与不同国籍的游客进行流利的交流。

总之，旅游服务人员具备一定的文化素质，不但能提升旅游服务质量，提高游客满意度，而且能促进文化交流，推动旅游业的发展。

（六）礼貌修养

在旅游服务行业中，服务人员的礼貌修养是至关重要的。他们必须对客户表现出真诚的热情和尊重。热情服务是旅游服务业的基础，这需要服务人员对自己的工作有明确的认知，对客户的需求有深刻的理解，并且发自内心地希望为客户提供最好的服务。只有这样，服务人员才能真正地投入工作中，以饱满的精神、友好的态度和迅速的行动为客户提供热情而专业的服务。

主动服务是旅游服务业的另一重要特征。服务人员要在客户提出需求之前，预见他们可能需要的服务并主动提供。这种服务方式体现了服务的全面性和周全性，能让客户感到备受关照。主动服务需要服务人员具有敏锐的观察力和预见力，以及对客户需求的深刻理解。这种主动性的服务态度能帮助服务人员在客户心中建立良好的形象，提升他们的满意度和忠诚度。

周到服务是对服务人员专业能力和人文关怀的高度要求。这需要服务人员在提供服务时，细心考虑每一个细节，尽可能地为客户提供方便和帮助。服务人员不仅要能提供规范的服务，还需要根据每位客户的个性和需求，提供个性化的服务。同时，他们需要在遇到意外情况时，能够灵活处理，满足客户突然的需求。这种周到的服务能让客户感到被尊重和理解，从而提高他们对旅游服务的满意度和忠诚度。

二、工作细节

（一）要克服做服务工作低人一等的错误概念

服务工作是一项高尚的职业，需用专业技能、人文关怀与热情去影响和改变他人的生活。在服务行业中，如旅游业，服务人员的工作不仅是提供服务，更是传播文化，是将旅游者与旅游景点联系起来的重要纽带。他们的工作不仅具有社会价值，还创造了经济效益。因此，服务行业的工作并不低人一等，而是有着无可替代的价值。在为顾客提供服务时，把顾客视作"上帝"，并不意味着服务人员的价值降低，而是他们以专业技能和热情服务，使顾客的旅游体验更加愉快，这反映出他们的专业素养和个人价值。

比如，酒店前台接待要处理顾客的入住、退房、查询等各种事务，他们不仅需要具备专业知识，还需要有优秀的沟通技巧和处理突发状况的能力。当顾客满意离开时，这不仅是对酒店的肯定，也是对前台接待工作的认可。

（二）要对所有客人一视同仁、以礼相待

公平和尊重是服务业的基石。每一位客人，无论身份、消费水平、国籍、种族、性别还是年龄，都应享受到同等的服务标准和待遇。服务人员需要在公平和公正的基础上，尊重每一位客人的权利和尊严，体现对客人和服务职业的尊重。在为每位客人提供一视同仁的服务的同时，服务人员还需要关注特殊客群的需求，如贵宾、常住客、老年客人、妇女、儿童及病残客人等，这种关注不是偏颇，而是服务人员细心、体贴的体现。

飞机上的空乘人员必须对所有的乘客提供相同的服务，无论他们是何身份、性别、年龄、种族、国籍等。当有旅客需要帮助时，如老年人

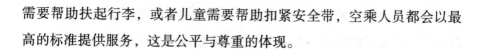

需要帮助扶起行李，或者儿童需要帮助扣紧安全带，空乘人员都会以最高的标准提供服务，这是公平与尊重的体现。

（三）不卑不亢、落落大方

在服务工作中，保持自我尊严，既不自卑也不媚俗，是服务人员应有的态度。面对任何一种客人，他们都要保持自我，坚守原则，不卑不亢，不过分迎合。旅游服务人员是一个地方，甚至一个国家的形象代表，他们的行为方式不仅会直接影响客人的旅游体验，还会反映这个地方或国家的文化和精神。因此，旅游服务人员在尊重他人的同时，需要保持自己的风度和尊严，体现他们的专业精神和职业尊严。

导游在接待不同国家、不同文化背景的旅游者时，需要坚持自己的文化立场和民族尊严，同时不能自高自大，做到不卑不亢。当遇到游客对某些文化现象有误解或质疑时，他们要用恰当的方式解释和交流，既能表达自己的观点，又不伤害游客的感情，还要落落大方，有自己的风度。

第三节　旅游礼仪的历史演变

一、封建社会的旅游礼仪

封建社会具有严格的社会等级和地位系统。这一社会结构不仅深刻影响了当时人们的生活方式，也在一定程度上塑造了与之相关的旅游礼仪。当时，旅游主要由上层社会人士进行，往往是为了学术交流或政治使命。因此，旅游礼仪在封建社会中是一种高度正式和仪式化的行为，强调对社会等级和权威的尊重。例如，在古代中国，儒家文化强调在出行前要向父母或长者请示并得到批准，以显示孝道和尊重。

封建社会的旅游礼仪不仅体现了当时社会对等级和权威的重视，也反映了当时文明的特点。由于交通工具和信息传播手段相对落后，旅行本身就是一种高风险和高成本的活动，因此与之相关的礼仪规范也更加注重安全和稳妥。例如，当时的旅行者通常需要携带家徽或信物，以证明自己的身份和来意；在进入陌生地区时，也需要遵循当地的礼仪和习俗，避免冲突和误会。这些礼仪规范不仅是封建社会文明和秩序的重要组成部分，也为后来旅游业和旅游礼仪的发展提供了启示。从封建社会的旅游礼仪来看，旅游礼仪的起源和发展是与当时社会文明和历史背景密切相关的，它不仅反映了社会结构和价值观的变迁，也成为学者研究中华文明的重要窗口。

二、工业革命时期的旅游礼仪

工业革命对多个方面的社会生活产生了深远影响，其中就包括旅游业和与之相关的礼仪规范。在工业革命之前，由于交通不便和成本高昂，旅游主要是权贵和商人的专利。随着火车、轮船等的出现，旅行变得更加便捷和经济，吸引了更广泛的社会成员参与。与此同时，旅游礼仪也因新的交通工具和旅行方式的出现而发生了显著变化。例如，在火车旅行中，乘客需要遵守一系列与火车车厢内外环境有关的礼仪规范，如不在车厢内吸烟、保持安静、尊重他人的私人空间等。这些新的礼仪规范不仅反映了工业化进程对社会习俗和行为准则的影响，也体现了社会对个体权利和公共利益的重新认识和平衡。

工业革命不仅改变了旅游的物质条件，也催生了新的社会观念和文化现象，越来越多的人开始对自然风光和异国文化产生浓厚兴趣，因而催生了一系列与观光和探险有关的礼仪规范。这些规范不仅涵盖了与当地居民的互动，也包括保护和尊重当地的自然环境和历史遗迹。综合来看，工业革命通过改变旅游的物质条件和文化条件，极大地推动了旅游礼仪的多样化和现代化，这些变化不仅是旅游业发展历程中的重要里程碑，也为研究现代文明提供了有价值的参考。

三、经济全球化时代的旅游礼仪

经济全球化作为一种广泛的社会经济现象，对旅游业以及与之相关的礼仪规范产生了深刻影响。随着交通工具的快速发展和国际贸易的不断扩大，越来越多的人有机会跨越国界，体验不同文化和地理环境。这种广泛的文化交流和信息传播使得各地的旅游礼仪逐渐呈现出多元和包容的特点。例如，旅游机构在接待国际游客时，会提供多语种的服务，并根据不同文化背景制定相应的礼仪规范。这不仅方便了游客，也有助于减少文化冲突和误解。同时，经济全球化加速了旅游礼仪规范的传播和普及。通过各种媒体和教育渠道，人们可以更容易地了解和接受其他文化的礼仪习惯，从而提高自己在国际环境中的文化素养和交际能力。

经济全球化也带来了一系列挑战，这些挑战在旅游礼仪的多元化和现代化过程中尤为明显，如一些传统的礼仪习惯可能被忽视或者淡化等。鉴于此，如何在全球化的大背景下保持旅游礼仪的多元化和包容性，成为一个值得深入研究和探讨的课题。

第四节　旅游礼仪对旅游行业的影响

一、提升游客体验

从广义的视角看，礼仪不仅仅是一种行为规范或行为习惯，更是一种传达尊重和欣赏的方式，是一种文化交流的媒介。游客在参观或体验一个新的文化环境时，尊重当地的礼仪，不仅能够帮助他们更好地理解和融入当地的文化，还能够避免一些可能引起不适或冲突的行为。例如，当游客在访问某些历史遗址时，他们可能需要遵守一些特定的行为规范，这样的礼仪规定可能在一开始会让游客感到有些不适，但是当他们了解到这是对当地文化和历史的尊重后，便会发现这种经历其实是一种深度参与和学习的过程，而这能够让他们得到一种精神上的满足。

礼仪也是服务人员服务质量的体现。服务人员对待游客的态度和方式直接影响游客的感受和评价。如果服务人员能够表现出热情、友善、乐于助人的态度，并且能够专业、高效地处理问题，那么游客就会感到被尊重，这种感觉会极大地提升游客的满意度，促使他们重复访问，同时更乐意向其他人推荐这个目的地。

服务人员和游客的互动也是提升游客旅游体验的重要元素。如果双方都能遵守礼仪，那么这种互动就会变得更加顺畅和愉快。在这种互动中，游客会感到被尊重、被接纳，服务人员则会感到自己的工作得到了认可，自己的努力得到了回报。

二、保护文化遗产

游客对旅游地文化和习俗的尊重不仅是礼仪的体现，更是对文化遗产保护的实践。这样做能够有效防止过度旅游或不恰当的行为对文化遗产的破坏，为后代保留这些无可替代的文化资源。

对游客而言，旅行是一种体验新事物、新文化的过程，他们在这个过程中扮演着既是学习者又是守护者的角色。例如，在参观历史遗址时，游客遵守相应的行为规范、不触摸或破坏文物、不拍摄不适当的照片，这些都是保护文化遗产的行为。但是，这种保护的行为并非自然而然发生的，它需要对游客进行适当的引导。旅游服务人员应该在游客抵达目的地之前，就对他们进行文化遗产保护的引导，如在旅游宣传资料中注明对文化遗产的保护，或者在旅行团的导游解说中强调这些原则。当然，这也需要旅游服务人员具备足够的文化敏感性和责任感，如此才能有效地执行这些引导活动。

三、增强旅游业的可持续性

在旅游行业中，可持续性的问题已经引起人们的关注。在诸多影响旅游业可持续性的因素中，旅游礼仪十分有代表性。礼仪的表现形式多种多样，其中，对环境的尊重，如不乱丢垃圾、不破坏自然景观等，是保护旅游目的地及确保旅游业可持续发展的重要手段。

尊重环境有利于保护生态环境，这是旅游业实现可持续发展的基础。生态环境的完好是吸引游客的重要因素，如果因为不适当的行为导致环境破坏，如乱丢垃圾、采摘植物、捕猎动物等，那么目的地的吸引力就会下降，游客数量也会相应减少。这对旅游业的长期发展显然是不利的。因此，旅游者应该遵守基本的环境保护原则，如将垃圾带走、不损坏自然景观、不干扰野生动物等。同时，旅游服务人员应该采取措施，引导游客的环境友好行为。这可以通过提供清晰的指示牌、设立垃圾回收站、提供环保旅游的信息和建议等方式实现。

四、促进跨文化交流

在人类社会中，文化差异是一个常态，而理解和接受这种差异是一个挑战。作为一个跨文化交流的工具，旅游礼仪可以帮助游客更好地面对和解决这个挑战。遵守旅游礼仪意味着尊重当地的文化和习俗，这不仅可以减少文化冲突，增加游客的旅行满意度，也可以提高他们的跨文化理解能力，增强他们的全球公民意识。

旅游礼仪也对目的地社区有着重要的影响。当游客尊重当地的文化和习俗时，他们就在实践着对当地社区的尊重。这不仅可以增强社区的文化自信，促进社区内部的文化保护和传承，也可以促进社区的开放和包容，使其更愿意接受和欣赏外来的文化。

然而，要实现这些积极的效果，各方需要共同努力。一方面，游客需要对旅游礼仪有足够的了解和尊重，旅游服务人员需要提供足够的信息和支持，帮助游客实践旅游礼仪；另一方面，政府需要提供相应的政策环境，鼓励和保护跨文化交流的进行。

五、提高旅游收入

旅游业是一个体验性的行业，它的成功取决于游客的满意度和忠诚度。这意味着提供高品质的服务和体验是吸引游客、保持他们的忠诚度和提高旅游收入的关键。在这一点上，旅游礼仪起着至关重要的作用。游客在旅行中遇到的每一个环节，包括与服务人员的交流、对文化遗产的参观和体验、对环境的感知和享受，甚至对食物的品尝和享用，都可能受到旅游礼仪的影响。良好的旅游礼仪不仅可以为游客提供积极的体验，增强游客的满意度，还可能激发他们的回访欲望，甚至推荐给其他人，从而增加旅游目的地的旅游收入。

第二章　旅游从业人员个人礼仪

在旅游行业中，从业人员不仅是服务的提供者，更是旅游目的地的形象代表。本章将关注旅游从业人员的个人礼仪，深入探讨如何塑造良好的个人形象，提升自身礼仪意识，培养高尚的职业道德和专业素养。

第一节　仪容礼仪

　　仪容是人的外在表现，包含面部、头发、手和其他外露的身体部位。在旅游业中，旅游从业人员保持清洁、整齐的仪容不仅展示了自身的修养，更是对旅游活动及交往对象的尊重。保持良好的个人卫生是个人仪容的基础要求，其中包括常洗头、常洗澡、常漱口、常剪指甲以及经常更换干净的衣物。这些细节不仅体现了个人的素养，更反映了其对自身形象的注重。

一、发式礼仪

　　头发的整洁与发型的得体是个人礼仪对发式的基本考量。一头整洁而得体的发型容易让人产生清爽而积极的印象，反观邋遢不整的发型则可能给人带来消沉或者无精打采的感觉。发型优劣的评判标准并非一成不变，无美丑之分，更关键的是发型是否与个人的脸型、肤色、体型相匹配，是否与个人的气质、职业和身份相协调。

　　当人们观察和评价一个人，往往会先注意到这个人的头部。对任何一名旅游从业人员来说，如果希望自己的形象"从头到脚"都不失礼，就应该重视对头部的打理。在发型礼仪方面，基本的要求是保持头发的清洁和整齐。具体来说，旅游从业人员要常洗头，保持头发的洁净。发型对旅游从业人员的个人形象具有不可替代的作用。在选择发型时，旅

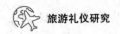

游从业人员不仅要考虑自己的品位和流行时尚，还需要兼顾发型与个人的性别、年龄、发质、脸型、身材和职业等各种因素的协调性。

二、面容修饰礼仪

面容修饰礼仪主要是指化妆，包含晨妆、晚妆、上班妆、社交妆、舞会妆、少女妆、主妇妆及结婚妆等多种形式，它们在浓淡的程度、化妆品的选择和使用方面存在一定的差异。旅游从业人员在工作岗位上需要化淡妆，因此宜选择工作妆这一形式。

（一）面部清洁和养护

面部清洁和养护是保持皮肤健康的重要步骤。日常清洁和深度清洁有助于去除面部的污垢、油脂和死皮，保持毛孔畅通，避免痤疮和黑头的产生。清洁后的皮肤更容易吸收营养，使后续使用的护肤产品效果更佳。选择适合自己的洁面产品和护肤品非常重要，因为它们可以帮助人们维持皮肤的水油平衡，避免皮肤过于干燥或过于油腻。定期进行深度清洁和护理，如敷面膜，可以帮助皮肤抵抗老化，保持皮肤的弹性和光泽，预防皱纹和松弛。

经过充分清洁和养护的皮肤会展现更好的质地和色泽，展现自然的美丽。面部清洁和养护还可以提高化妆效果。只有在清洁和养护做得好的皮肤上，化妆品才能发挥最好的效果。如果皮肤没有得到彻底清洁，或者皮肤问题没有得到妥善处理，那么化妆品可能会加重皮肤问题，化妆效果不会好。

（二）面部化妆

面部化妆这一深受人们欢迎的美容方式，其实追求的不仅仅是皮肤表面的美观，还在于提升个人的精神状态，对个人的心情和精神起到积极的作用，有效地缓解来自外界的压力。对旅游从业人员来说，化妆更有助于其塑造形象，体现对交往对象的尊重。合适的妆容一般以淡妆为主，通过适当的修饰展现出个人魅力。

1.女士化妆技巧

从技巧上讲，进行一次完整而全面的化妆，其程序与步骤也有一定的规定。女性全套化妆的步骤大体如下。

第一步，洁面。彻底清洁面部是化妆的关键一步。使用适合个人肤质的洗面奶去除脸部的污垢、油脂和汗液，然后使用化妆水，为化妆做好准备，这个步骤可以确保化妆品更好地粘附在皮肤上，并且不会因为皮肤上的残留物而引发皮肤问题。

第二步，涂敷粉底。先在脸上涂上少量的护肤霜，作为一层保护屏障，然后使用粉底，从两颊开始，由内向外、由上到下地推开。注意避免在脸部与脖子之间留下明显的分界线，并确保在嘴巴和眼睛周围等容易活动的部位均匀涂抹粉底，让粉底与肤色融为一体。

第三步，画眼线。从内眼角开始，沿着睫毛根部向外眼角画线，线条稍向上扬，增加眼部的活力。在描画眼线时，女士一定要保持手的稳定，避免线条断裂。刷睫毛膏时，睫毛刷应横拿，这样可以更好地抓住每根睫毛，从根部向上刷涂。

第四步，涂眼影。深色眼影可以从外眼角开始涂抹，然后往内眼角方向晕染，使得眼部的颜色逐渐由深转浅，以此打造眼部的立体感。越靠近睫毛的地方，眼影的颜色应越深，以增强眼部的深度感。

第五步，鼻影。利用较深色的粉底或阴影粉，轻轻地从鼻梁两侧刷下来，这样可以使鼻子看起来更有立体感。

第六步，描眉。根据个人的眉形和脸型选择合适的眉笔或眉粉，对眉毛进行描绘，补全颜色，然后使用眉刷把眉毛梳理整齐。定期修剪眉毛，以保持眉形的稳定。

第七步，涂腮红。腮红的颜色要和整体妆容协调，使用胭脂刷蘸取适量的腮红，微笑时在脸颊上方刷上腮红，然后向鬓角方向晕开，这样可以让脸部看起来更加有活力和光泽。

第八步，涂唇膏。先用唇线笔描绘出唇形，然后填充适合的唇膏色彩，这样可以使嘴唇看起来更为饱满。

第九步，修正补妆。检查整体的妆容效果，对需要调整的地方进行修饰，比如可能需要补妆或者弥补漏掉的部分，这一步骤可以确保妆容在任何时候都完美无瑕。

2.男士妆容要求

对男士而言，化妆同样重要，但与女性不同，男士化妆的重点更在于保持皮肤清洁、自然。除了每日的基础清洁，如剃须、洁面等，男士还应注意保持口腔卫生，避免口腔异味。定期修剪鼻毛也是男士化妆的一部分。

（三）颈部护理

颈部被认为是人体最容易暴露年龄的部位之一，也是日常护理中经常被忽视的地方。为了保持年轻的颈部皮肤，从业人员应该像对待脸部一样注意保养。其关键步骤包括清洁、去角质、保湿以及运动与按摩。每天使用温和的洗面奶或洁面乳清洁颈部肌肤，并轻柔地按摩颈部，以促进血液循环，然后用温水彻底冲洗干净。定期去除颈部的老旧角质也是重要的一步，可以使用温和的颈部去角质产品按摩颈部，轻柔地去除死皮细胞。选择适合颈部肌肤的保湿产品，涂抹于颈部并轻轻按摩，可以有效滋润皮肤并改善皮肤的弹性。

颈部的运动与按摩对于缓解皮肤松弛非常有效。进行颈部运动，如转动头部、仰头、低头等，可以增强颈部肌肉的紧致度。定期进行颈部按摩可以促进血液循环，提升肌肤的养分供应，改善皮肤松弛。

（四）手部护理

手部作为人际交往中的第二张脸，清洁、柔软的手能增添自身的魅力，传递良好的形象和精神风貌。保持手部的清洁、保湿，修饰指甲，避免过度使用手部，都是重要的手部护理方法。

第二节　仪表礼仪

仪表是人们外在形象的体现，它包括多个方面，如容貌、发型、服饰、个人卫生和姿态等。人的仪表是对自身内在涵养和心理品质的外在表现，它不仅仅是外貌的呈现，更是一个人道德素养、教育程度和志趣品位的体现。

一、旅游从业人员仪表美的内涵与基本要求

（一）仪表美的内涵

仪表美是一个复杂的概念，其含义不仅限于外在美，还涉及内在的精神美和人格美。仪表美包括天然美、修饰美和内在美三个层面。

（1）天然美。这是一个人的基础美、与生俱来的美。天然美不可控，它是一种自然属性，是每个人独特的一部分。然而，这只是仪表美的一个方面，它并不能完全代表一个人的全部美。

（2）修饰美。这种美是可以后天培养和创造的，即一个人可以通过衣着打扮、妆容修饰等方式展现良好的个人形象，让自己看起来更有吸引力。

（3）内在美。这是一个人通过提高文化、艺术、道德等方面修养，培养出的高雅的气质和美好的情操。内在美可能不如外在美那样一目了

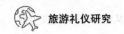

然，但它的存在可以给人带来深刻的印象。内在美包括诚实、善良、友善等品质，这些都可以使一个人的吸引力倍增。

（二）旅游从业人员仪表美的基本要求

旅游从业人员的仪表美要求涵盖了整齐得体、清洁挺括、自然和谐这三个重要方面。这些要求不仅体现了旅游从业人员对服务对象的尊重，还能在某种程度上提升他们的职业自豪感和责任感。

（1）整齐得体。旅游从业人员的制服必须整洁、合身，这不仅是对自我形象的尊重，也是对客户的尊重。适当的衣物大小、工号牌或标志牌的正确佩戴等都是基本要求。这表明整洁和得体是旅游从业人员专业素养的一种体现，也是其为游客提供优质服务的必要条件。

（2）清洁挺括。制服的清洁度是体现旅游从业人员精神面貌的重要方面，也是反映旅游企业管理水平和卫生状况的重要标志。制服无油渍、无异味是体现旅游从业人员职业素养的重要方面。衣裤挺括、无褶皱也表现了旅游从业人员对工作的专业态度和对客户的尊重。

（3）自然和谐。这涉及一个人的整体形象，以及他如何与周围的环境相适应。旅游从业人员的形象应是自然的，这体现了其对自然美的尊重，同时是其内在素质的外在表现。

二、旅游从业人员的着装原则

正确着装能使人的形体、容貌等形成一个和谐的整体。具体而言，服饰整体美的构成因素是多方面的，其中包括人的形体内在气质，服装饰物的款式、色彩、质地、加工技巧乃至着装的环境因素等。

旅游业是一种高度服务化的行业，旅游从业人员的形象和仪表能够给游客留下良好的第一印象。因此，以下着装原则对旅游从业人员来说尤为重要。

（1）年龄协调原则。从业人员的着装应与其年龄相协调。年轻人可以选择时尚、活力的服装，而中老年人应选择更成熟、稳重的服装。总的来说，旅游从业人员的着装应展现其专业和责任感，同时应与他们的年龄、身份相符。

（2）时间原则。旅游从业人员应根据时间，如一天中的早、中、晚三个时间段，或者一年中的春、夏、秋、冬四个季节，来适时调整自己的着装。例如，在夏季，旅游从业人员的着装应轻便、舒适，给人一种清爽的感觉；在冬季，旅游从业人员的着装应以保暖、轻便为主，避免过厚而显得臃肿。

（3）地点原则。旅游从业人员的着装还应与所处的环境相协调。在正式的环境下，如酒店或办公室，旅游从业人员应选择正式、得体的服装；在休闲的环境，如郊游或朋友聚会，旅游从业人员可以选择休闲、舒适的服装。也就是说，旅游从业人员的着装应与他们所在的环境相匹配。

（4）场合原则。根据不同的活动场合，旅游从业人员的着装应有所不同。在正式的场合，如会议、庆典或酒会，旅游从业人员的衣着应正式、稳重；在舞厅或音乐会，旅游从业人员可以选择更华丽、个性的服装；在休闲的场合，如运动场或朋友聚会，旅游从业人员可以选择休闲、舒适的服装。

三、男士正装礼仪

（一）男士西装类型

（1）英式西装。英式西装是一种非常传统的西装类型，特别是在正式场合，它是许多人的首选。英式西装的设计特点是平坦流畅的肩线和胸线，形成了明快的轮廓。通常，英式西装采用深蓝或黑色的纯毛织物制成，搭配白色衬衫和黑色领结，使整体效果显得威严和高贵。

（2）美式西装。美式西装的面料相对较薄，具有一定的伸缩性，造型上略收腰身，后背开叉，肩部保持自然形态，不过度使用垫肩。这种西装特别注重实用性，人穿着起来比较自由不拘束。美式西装通常用作日常的办公服装，能使人显得自然、大方。

（3）欧式西装。欧式西装的剪裁得体，形状规则。它的垫肩很高，有时给人一种双肩微微耸起的感觉。胸部则使用优质的衬料，十分挺括。欧式西装的面料以黑色或蓝色的精纺棉为主，质地细致而厚实。

（4）日式西装。日式西装的基本轮廓为 H 形，既没有宽肩也没有细腰，多采用单排扣设计，衣后不开叉。这一款式的西装更加适合亚洲人的体型。

（二）男士西装的选择

（1）西装的款式。西装分为两件套和三件套。两件套由上衣和裤子组成，适合一般场合；三件套在两件套的基础上增加了背心，适合正式的场合。另外，西装的扣子有单排扣和双排扣之分。单排扣西装较为正式，适合作为公务套装，其中两粒扣的最正式；双排扣西装具有时装性质，适合社交场合。

（2）西装的面料。正装西装通常是由纯毛或含有较高比例毛料的混纺面料制成，这种面料挺括、透气，外观高档、典雅。休闲西装的面料选择则更为多样，包括麻、棉、皮质等。

（3）西装的颜色。西装的颜色选择需要考虑穿着场合。在正式的旅游场合，深色西装是最佳选择。对休闲西装，颜色选择可以更加自由，如宝蓝色、灰蓝色、浅蓝色、咖啡色和黄色等，也可以是带有格子或条纹的混合色。

（三）男士西装着装规范

在西装的穿着上，衬衣、领带等的选择和搭配起着至关重要的作用。

1.衬衣

白色的长袖衬衣是西装的最佳搭配，浅蓝色带有细条纹或小格子图案的衬衣也是不错的选择。衬衣的大小要合身，领子要挺括。衬衣的袖口应该比西装外套长1～2厘米，领子应该比西装的领子高0.5～1厘米，以显示层次感，同时保护西装不受污染。

2.领带

领带被誉为西装的灵魂，一条打得漂亮的领带可以为西装增添活力和个性。领带应该与西装的颜色和款式相协调。如果西装和衬衣的颜色较浅，可以选择有图案的领带，但不要太过花哨。领带的长度应适当，最好以皮带处为界。打领带时，衬衣的第一颗扣子一定要扣好。如果佩戴领带夹，应夹在衬衣的第三颗、第四颗纽扣之间。下面介绍几种常用的领带打法。

（1）平结（图2-1）。平结为男士选用最多的领结打法之一，几乎适用于各种材质的领带。男士选择打平结时，要注意领结下方形成的凹洞须让两边均匀且对称。

图2-1　平结

（2）交叉结（图2-2）。这是单色素雅质料且较薄领带适合选用的领结打法。喜欢展现流行感的男士可以选用"交叉结"。

图 2-2　交叉结

（3）双环结（图 2-3）。一条质地细致的领带搭配上双环结颇能营造时尚感，适合年轻的上班族。该领结的特色就是第一圈会稍露出于第二圈之外。

图 2-3　双环结

（4）温莎结（图 2-4）。温莎结适用于宽领型的衬衣，该领结应多往横向发展。男士打温莎结时，应避免使用材质过厚的领带，领结也勿打得过大。

图 2-4　温莎结

（5）双交叉结（图 2-5）。这样的领结很容易让人产生高雅且隆重的感觉，适合正式的活动场合。该领结应多运用在素色且丝质领带上。

图 2-5　双交叉结

3.毛衫

在寒冷季节,男士可以在西装上衣内穿一件薄款的单色羊毛衫或羊绒衫。然而,男士要避免选择色彩和图案繁杂的羊毛衫或羊绒衫,以及扣式开领的款式,避免同时穿多件羊毛衫、羊绒衫和背心。如果必须在衬衫内加穿背心或毛衫,男士应注意将数量限制为一件,颜色与衬衫相近,款式上要比衬衫短,并以"U"领或"V"领为宜。

4.纽扣

单排扣的西装上衣一般只扣上面的一粒纽扣,即"扣上不扣下"。对单排三粒扣,男士可以扣中间的一粒纽扣或上面的两粒纽扣,也可以不扣。双排扣的西装上衣则应将纽扣全部扣上,以示庄重。背心的纽扣也要扣上,但单排扣背心最下面的纽扣可以不扣。西装裤通常采用拉链设计,需要时要确保拉链拉好。

5.口袋

西装上衣、背心、裤子等的口袋里应尽量少装东西或者不装。外胸袋通常只插入一块用于装饰的手帕,不应再放其他东西。内侧胸袋可以放钢笔、钱夹或名片夹,但不要放过大或过厚的物品或无用之物。外侧下方的口袋原则上最好不放任何东西。背心的口袋多用于装饰,除了怀表,不宜放其他物品。西装裤两侧的口袋适合放纸巾、钥匙包或零钱包,而后部口袋大多不放任何东西。

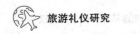

6. 鞋袜

与西装搭配的鞋子应该是皮鞋，颜色宜选深色，特别是黑色的皮鞋可以与任何颜色的西装搭配。穿皮鞋时要注意擦拭保持光亮，并经常通风以保持无异味。袜子的颜色应与西装相配，最好选择深色或单色，尤其是黑色袜子，避免穿白色或色彩鲜艳的袜子。袜子应经常更换洗涤，以防异味。

7. 公文包

公文包被称为男士的"移动式办公桌"，外出时必不可少。公文包的面料宜选择真皮制品，牛皮或羊皮为首选。公文包的颜色宜选择深色或单色，通常情况下，黑色和棕色是最合适的选择。从色彩搭配角度考虑，公文包的颜色与皮鞋颜色一致会更加和谐。

四、女士正装礼仪

一般而言，女士服装的款式和颜色比男士丰富。作为职业女性，其工作场合的着装区别于其他场合着装，尤其在代表一个企业或一个单位的形象时，其着装更应当追求大方、简洁和素雅的风格。

（一）套装的选择

套裙是女士职业正装的常见选择。套裙由同一质地、同一色彩的素色面料制成，上衣和裙子一般采用高档面料，且讲究挺括、贴身，少有花边和饰物。裙子以窄裙为主，长度到膝或过膝。

（二）女士着装规范

1. 衬衣

搭配套裙的衬衣的颜色应以白色、米色、粉红色等单色为主，简洁而不花哨。衬衣下摆必须放在裙腰内，且除了最上端的纽扣，其他的纽扣必须扣上。在穿着职业套裙时，女士不能在外人面前脱下西装，直接以衬衣面对对方。这种规定旨在保持女士套裙的整齐和大方，避免在公共场合留下不雅的印象。

2. 裙子

套装的裙子要干净、整洁、熨烫平整。套裙的上衣和裙子的长短没有明确的规定。一般认为裙短不雅、裙长无神。最理想的裙长是裙子的下摆接近着装者小腿肚最丰满的地方。

3. 皮鞋

中高跟的船鞋是职业套装的理想选择。鞋子的颜色应与衣服和手提包相协调，以确保整体着装的协调性。同时，皮鞋应保持光亮，无灰尘和污渍，以展现整洁的形象。

4. 袜子

丝袜是职业装的理想选择，尤其是肉色的丝袜，因为它能搭配任何服装。为了避免袜子破洞或跳丝，职业女性应备有一两双袜子，以便更换。

五、饰物佩戴礼仪

旅游从业人员的主要责任和任务是向服务对象提供各种服务。这要求他们始终以服务的对象为中心，努力提供最优质的服务。在这一过程中，旅游从业人员的饰物的选择和佩戴必须符合自己的身份。旅游从业人员需要正确理解自身的角色定位，佩戴饰物的数量要适中。在工作中，旅游从业人员的饰品种类一般不宜超过两种，且同一种类的饰品，一般不应佩戴超过两件。特别对男性从业人员而言，他们甚至可以不佩戴任何首饰。另外，佩戴饰物也需要考虑场合。在工作环境中，旅游从业人员通常不适合佩戴脚链、鼻环等类型的饰品。

（一）手表

手表曾被誉为"男士的三宝"之一，与钢笔和打火机齐名。它代表着时间观念强、作风严谨，也是人们地位、身份、财富的体现。手表的选择应偏向庄重、保守，避免过于新奇或潮流，尤其身份较高、年龄较大的人更需注意。

（二）戒指

在一般情况下，戒指佩戴在左手，尽量只戴一枚，最多不超过两枚。人们佩戴两枚戒指时，可以戴在左手相邻的两个手指上，也可以戴在两只手的对应手指上。戒指的佩戴常常代表着佩戴者的婚姻和择偶状况，这一点在正式场合中尤为重要。而在旅游场合，旅游从业人员应戴一枚戒指，避免同时佩戴风格迥异的两枚戒指。

（三）耳环

女性常会选择佩戴耳环，但在选择和搭配耳环时应考虑自身的脸型。每个脸型对耳环形状的选择都有不同的规则，合适的选择可以让女性的整体形象更加和谐。

（四）项链

项链是深受女性喜爱的首饰之一。佩戴项链可以帮助女性在视觉上修饰脸型。因此，女性应根据自身的年龄、体型和脸型选择合适的项链，以达到满意的效果。

（五）手链和手镯

手链是一种链状的饰物，常常佩戴在手腕上，男女皆可佩戴。一般情况下，一只手上只佩戴一条手链。同时佩戴两条或以上的手链、手镯，或者两只手都佩戴手链，以及同时佩戴手链和手镯，都是不被人们推崇的。另外，手链和手镯不应与手表在同一只手上佩戴。

第三节 职业道德与专业素养

一、旅游从业人员的职业道德

（一）职业道德的定义

职业道德是指在特定职业领域内，从业者应遵循的道德规范和行为规则。[1] 它旨在维护公平、公正、尊重和诚信等基本的道德价值，同时贯穿各种职业关系中，这些关系可能包括从业人员与服务对象之间、同一职业团体内部人与人之间、不同职业团体之间，以及职业劳动者或职业团体与国家之间的关系。职业道德是社会道德在特定的职业领域内的应用和实践，它直接影响和规范了从业人员的行为和决策。职业道德与从业者的每一项职业活动息息相关，不仅要求他们在提供服务或产品时达到一定的质量和标准，也要求他们遵守诚信、尊重、公正等基本的道德原则，负责任地对待客户、同事、社区以及环境。

职业道德还体现了从业者对社会责任的认识和承担。这包括对客户的责任（提供高质量、安全、公正的产品或服务）、对同事的责任（建立和维护一个公正、尊重和支持的工作环境）、对社区的责任（尊重和保护社区的文化和环境）、对环境的责任（采取可持续的操作和决策，保护和维护地球的资源）。强化职业道德的建设，坚持道德规范的实践，对任何企业和职业者来说，都是其生存和发展的根本。对旅游从业人员来说，这涉及的不仅是对客户的服务态度和技能，还包括对同事、合作

---

[1] 王晓进、唐虎：《技术创业理论与实践》，北京理工大学出版社 2021 年版，第 176 页。

伙伴、社区以及自然环境的责任和尊重。这是一种以诚信、公正、尊重为基础，以提升专业服务质量和客户满意度为目标的职业行为。

（二）旅游从业人员职业道德的基本要求

对旅游从业人员而言，遵循基本的职业道德是他们在旅游行业中成功的基础。一般而言，诚信、尊重、专业、责任意识和团队精神都是他们应当秉持的原则。

1.诚信

诚信是旅游从业人员应具备的基本的职业道德之一。诚信主要表现为旅游从业人员对待客户、同事和合作伙伴时的真诚和公正。这意味着旅游从业人员必须提供准确、全面的信息，遵守所有承诺，并且遵守相关的法律法规和行业规定。诚信不仅可以建立和维护公众对旅游从业人员和旅游机构的信任，还可以避免误导消费者和伤害他们的利益。

2.尊重

尊重是另一个重要的职业道德要素。这不仅要求旅游从业人员尊重每一位客户的个性和需求，还要求他们尊重同事、合作伙伴，以及他们服务的社区的文化和环境。尊重主要表现在平等对待所有人、提供个性化的服务、尊重并接纳文化差异等方面。

3.专业

专业是旅游从业人员的重要职业道德要求之一。旅游从业人员必须具备所需的专业知识和技能，以便为客户提供高质量的服务。这涉及对旅游产品和服务的深入理解，对客户服务的技巧、行业动态的了解。只有具备足够的专业知识和技能，旅游从业人员才能更好地满足客户的需求。

4.责任意识

责任意识是旅游从业人员的另一个重要职业道德要素。他们必须对自己的行为和决策负责，对客户、同事和社区负责。这意味着旅游从业人员必须对他们提供的服务质量负责、对解决问题和处理投诉负责，以及对促进社区发展和保护环境负责。

5.团队精神

团队精神也是旅游从业人员不可或缺的职业道德要素。旅游业涉及多个部门和层面的协作，所以旅游从业人员必须具备良好的团队精神，能够与同事和合作伙伴共同合作，以提供最好的服务。

二、旅游从业人员的专业素养

（一）专业素养的定义

专业素养通常被理解为个体在特定专业领域内的知识、技能、态度和价值观等方面的综合表现。这不仅包括具备的技术或职业技能，还包括理解和应用这些技能的能力，以及处理专业问题时展现的判断力、决策力和创新力。在这个意义上，专业素养是个体专业成长和发展的重要标志，也是他们在专业领域中实现自我价值的重要支撑。

（二）旅游从业人员的专业素养

旅游从业人员的专业素养表现在他们对游客需求的准确理解和满足上。这包括对旅游产品和服务的专业知识、对客户服务的技巧，以及对行业发展和变化的了解。也就是说，他们不仅需要熟悉旅游景点的历史和文化，还需要了解游客的兴趣和需求，以提供个性化的旅游体验。当旅游从业人员具备深厚的专业素养，他们将能够更好地理解和把握行业的发展动态，发现并创新旅游产品和服务，进而提升旅游行业的竞争力。例如，他们可以通过研究和分析市场趋势，设计和推出新的旅游产品，以满足市场的变化和需求。

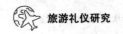

另外，旅游从业人员通过提升专业素养，可以提高自己的专业能力和竞争力，从而在行业中实现自我价值和职业发展。例如，他们可以通过学习和实践，提升自己的专业知识和技能，开拓更广阔的职业发展空间。

三、职业道德与专业素养的内在联系

职业道德与专业素养在某种程度上是相辅相成的。这两者构成了旅游从业人员的整体素质，共同决定了他们的行为方式和工作效能。具体而言，职业道德与专业素养之间的关系可以从以下几个方面进行理解。

（一）职业道德可以促进专业素养的提升

遵循职业道德的旅游从业人员，会尊重知识、尊重他人，这将激发他们的学习动力，促使他们不断提升专业素养。例如，他们会主动学习新的知识和技能，以满足游客的需求，提升服务质量。举例来说，当遵循职业道德的旅游从业人员面对客户的投诉或者建议时，他们会认真听取、努力改正，并从中获得提升。这种持续的学习和进步使他们的专业素养得到了进一步的提高。

（二）专业素养可以强化职业道德

当从业人员具备高度的专业素养，他们会更加了解和珍视自己的职业，这将使他们更愿意遵循职业道德，更好地承担职业责任。例如，他们会更加尊重游客的权益，更加重视环境保护，更加关注行业公正和公平。以环境保护为例，具有高度专业素养的旅游从业人员懂得环保的重要性，他们会尽可能地减少对环境的影响，如不在景区乱丢垃圾、不破坏自然景观等。

四、如何提升旅游从业人员的职业道德与专业素养

对旅游从业人员而言，提升职业道德和专业素养不仅能够提高工作

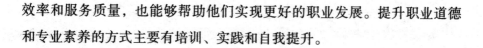

效率和服务质量，也能够帮助他们实现更好的职业发展。提升职业道德和专业素养的方式主要有培训、实践和自我提升。

（一）培训

培训是一种系统、有序的知识和技能的传授方式。对新入行的从业人员而言，通过基础的业务知识培训，他们可以快速了解并掌握行业内的专业知识和服务技巧，在短时间内适应新的职业环境。对经验丰富的从业人员，高级培训可以帮助他们掌握新的业务技能，以适应行业的发展和变化。另外，道德培训可以帮助从业人员理解和认识职业道德的重要性，从而在实际工作中更好地遵守行业规则和法律法规，做到对客户、同事和社会的尊重。

（二）实践

实践的价值在于它让旅游从业人员有机会将所学的知识和技能运用到具体的工作场景中，而这种转化过程实质上是知识和技能从理论到实践的深化。通过实践，旅游从业人员可以了解和解决实际工作中的问题，提高问题解决能力和决策能力，这是其专业素养的重要体现。同时，他们可以深化对职业道德的理解，如在处理客户投诉或困难时，能够坚守诚信，公正对待。

（三）自我提升

自我提升作为一种自我驱动的行为，它更多的是从内在出发，强调旅游从业人员的主动性和独立性。自我提升不仅仅是学习新的知识和技能，更重要的是对自身的反思和成长。旅游从业人员可以通过自我反思来审视和调整自己的态度和行为，从而提升职业道德。同时，他们可以通过自我学习来拓宽知识视野，提升专业素养。

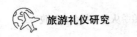

第四节　沟通礼仪

一、语言沟通礼仪

（一）语言表达清晰、生动

清晰的语言表达在旅游礼仪中占据着核心地位。旅游从业人员在与游客交流时，应注意控制语速，清晰地发音，确保游客能够准确理解所传达的信息。旅游从业人员应避免使用方言，以免造成不必要的误解。在解释说明某一事物或现象时，旅游从业人员应使用通俗易懂的语言，尽量避免复杂的语法结构，以简单直白的方式将信息传达给游客。在书面表达中，清晰的语言表达同样不可忽视。旅游从业人员应尽量使用短句和分点陈述的方式，使语言表达更加清晰易懂，无论是旅游宣传资料、服务协议，还是电子邮件、社交媒体发文，都应注意用词的准确性和表达的逻辑性。

在追求语言表达简洁明了的同时，旅游从业人员还应注意保持语言的生动性。旅游从业人员可以使用贴切的比喻、形象的描述等手法，使语言表达更加生动有趣，从而增强信息的吸引力和传播效果。需要注意的是，旅游从业人员要根据不同的交流对象和场合，灵活调整语言风格和表达方式，确保语言表达既符合礼仪要求，又能够引起游客的兴趣。

（二）具备语言敏感性

语言敏感性是衡量旅游从业人员专业素养和社会责任感的重要指标。旅游从业人员在语言运用中应避免使用可能引发文化或性别敏感的语言，以展示其专业性和对多元社会文化的尊重。

语言作为沟通的工具，其背后蕴含丰富的文化和社会意义。旅游从业人员在与不同文化背景的游客交流时，应充分了解和尊重对方的文化传统和价值观，避免使用可能引起误解或不适的语言。这不仅体现了旅游从业人员的文化敏感性和包容性，也有助于营造积极和友好的沟通氛围，提升游客的服务体验。性别敏感性同样是旅游从业人员在语言运用中需要重点注意的方面。在现代社会中，性别平等已成为广泛认同的价值观。旅游从业人员在与游客的沟通中，应避免使用任何可能体现性别歧视或刻板印象的语言，展现对所有人的平等态度和尊重。这不仅是对个体尊严的尊重，也是对社会文明进步的响应。

二、非言语沟通礼仪

在旅游行业中，非言语沟通占据着举足轻重的地位，它通过身体语言等方式传达信息，往往比言语更直接、更有力。身体语言作为非言语沟通的重要组成部分，其在与客户的初次接触中起着决定性的作用，能够迅速地建立起客户的第一印象。

身体语言包括眼神接触、面部表情、手势、姿态等多种形式，这些看似微小的动作实际上反映了旅游从业人员的态度和情感状态。正确认识和运用身体语言，不仅能够增强言语表达的效果，还能够在无声之中传递出友好、专业的信息，为后续的沟通和服务打下良好的基础。眼神接触是最直接的一种身体语言，它能够传达出从业人员对客户的关注和尊重，增强沟通的亲切感，缩短彼此的心理距离。面部表情则是情感表达的直观反映，一个微笑或者一个温暖的表情，往往能够瞬间拉近自己与客户的距离，营造出积极向上的服务氛围。

在旅游服务中，正确运用身体语言能够在短时间内建立起客户的第一印象，为提升服务质量和客户满意度打下坚实的基础。而这种良好的第一印象，往往能够转化为客户对旅游服务的信任和认可，从而在激烈的市场竞争中赢得优势。然而，身体语言的运用也需要根据具体情境和文化背景来调整。不同的文化背景下，相同的身体语言可能会有不同的解读，因此旅游从业人员在与不同国籍或文化背景的客户沟通时，需要对自己的身体语言进行适当的调整，避免因文化差异带来的误解。另外，身体语言的一致性也是非常重要的。旅游从业人员的言语和身体语言需要保持一致，以增强沟通的真实性和可信度。任何不一致的身体语言都可能让客户产生怀疑，影响服务效果。

第三章　旅游从业人员日常交往礼仪

第一节　见面礼仪

在日常社交中，旅游从业人员需要注意与他人初次见面时的礼仪。这是因为初次见面时的交流和互动，对于留给对方的第一印象有着重要影响。根据"首轮效应"的核心内容，人们在日常生活中初次接触某人、某物、某事时产生的即刻印象，通常会在对该人、该物、该事的认知方面发挥明显的作用。[①]人们对交往对象的第一印象主要取决于最初接触时获取的信息和对这些信息所做的判断。因此，在初次见面时，旅游从业人员应该注重自己的举止和表达方式，以确保给对方留下良好的第一印象。这样的努力对于建立良好的人际关系和提升自身形象具有重要意义。

一、称呼礼仪

人与人之间的交往离不开语言，如果把交际语言比喻成浩浩荡荡的大军，那么称呼便是这支大军的先锋官，交往总是从称呼开始的。[②]称呼是人际交往中的一个重要的部分，它既是交往的起点，也是对人的基本尊重和礼貌的体现。无论是在日常生活还是在专业场合，正确、得体地使用称呼至关重要。

（一）称呼的类型

1.尊称

尊称是用于表示对对方的敬重和尊重的称呼。它既是表达礼貌的重

---

① 赵亚琼、秦艳梅：《职业形象与礼仪》，北京理工大学出版社2018年版，第30页。
② 邵宇翎、施琳霞：《商务礼仪》，浙江工商大学出版社2018年版，第74页。

要方式，也是反映一个人文化修养的重要体现。尊称一般用于比较正式的社交场合，如与师长或身份、地位较高的人交谈时，以及会议、谈判等公务场合。泛尊称主要是指"先生""小姐""夫人"一类可广泛使用的尊称，它几乎适用于任何场合。对男性一般称为"先生"，对未婚女性称"小姐"，对已婚女性称"夫人"。

2. 谦称

谦称是一种用于表示谦恭和自谦的称呼方式。它通常用于在别人面前称呼自己和自己的亲属。例如，"愚"谦称自己不聪明，"鄙"则谦称自己学识浅薄。自谦和敬人是不可分割的统一体，在日常生活中虽然使用不多，但其展现的谦虚和恳切的态度更易得到他人的尊重。

3. 亲属称呼

亲属称呼是用于血缘相近的同姓本族和异姓外族之间的称呼，如"爷爷""奶奶""爸爸""妈妈""伯父""叔叔""哥哥""妹妹"等。这些称呼不仅反映了亲属关系，也蕴含对对方的爱护和尊重。

4. 职业性称呼

在工作中，有时可按照对方的职业进行称呼，如"老师""医生""律师"等，也可以在职业前加上姓氏或姓名，如"张老师""李明医生"等。这种称呼方式不仅表示对对方职业的尊重，也能让对方感到自己的专业被认可。

5. 职称职务性称呼

对具有职称或职务的人，可以直接以其职称或职务相称，也可以在职称或职务前加上姓氏，如"教授""上校""总经理""董事长""李工程师""张书记"等。这种称呼方式一般适用于较正式的场合。

6. 一般性称呼

一般性称呼通常是指直接称呼对方的姓名。例如，长辈对晚辈、老师对学生、上级对下级等可直接称呼其姓名，如"王勇""张三""李四"

等。对关系较亲密的同事、熟人等，可不称姓而直呼其名，夫妻之间还可以用昵称。

（二）称呼的注意事项

在人际交往中，称呼的正确与否往往决定了沟通交流效果的好坏。在称呼的使用中，旅游从业人员应注重以下几点：

（1）合理使用称呼。称呼的使用应尊重文化规范和个人喜好，根据不同的环境和个体特点选择适当的称呼。比如，"小姐"是对年轻女性的统称，我国大部分地域的服务行业也可以用来称呼女服务员，而在海南等地方，更喜欢称呼为"小妹"或"阿妹"。

（2）不使用不通行的称呼。在正式的场合，人们应避免使用地方性或不通行的称呼。例如，在北京，人们习惯将他人称为"师傅"，而在山东，人们喜欢称呼他人为"伙计"。但在南方，这两种称呼可能会引起误会。

（3）不使用绰号称呼他人。在交流中，人们应该避免使用别人的绰号或外号，尤其是在公共场合。这可能让对方感到不舒服，甚至可能伤害他人。旅游从业人员应该尊重每一个客户，不应该因为他们的身体缺陷或弱点而对他们进行侮辱。

（4）慎用昵称。对那些并不熟悉的人，随意使用他们的小名或昵称可能会让他们觉得不适。正确的称呼不仅是礼貌和尊重的体现，也是交流效果的保障。尤其在旅游服务中，称呼的适当使用能够展示旅游从业人员的素质，提升旅游企业的形象。

二、介绍礼仪

介绍是社交活动的起点，它是人们在人际交往中最基本、最常见的方式，主要用于与他人沟通、建立关系和增进了解。在旅游接待中，恰当的介绍可以有效地拉近服务人员与客人之间的距离，增进彼此的了解，

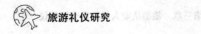

减少可能出现的误解和问题。

（一）自我介绍

自我介绍是社交中基础的表达方式之一，是一个人主动向他人传递自身信息的过程。自我介绍要注意以下几个要点：

（1）时间简短。自我介绍不宜过长，尤其在正式的场合，应简洁明了，介绍自己的名字、工作单位和职务等基本信息。如有需要，可以适当使用名片或者介绍信作为辅助。

（2）内容真实。自我介绍应该真实，不可自吹自擂或夸大其词。在不同场合，自我介绍的内容也会有所差异，如在应酬式的自我介绍中，通常只需要介绍自己的姓名，而在正式场合，就需要全面介绍自己的身份和工作情况。

（3）态度诚恳。自我介绍时的态度应自然、友善、亲切和随和，这反映了自己的教养和修养，也是对他人的尊重。

（4）把握时机。自我介绍需要寻找适当的时机，不应在他人正忙于交谈时插话进行自我介绍，而应在对方有兴趣或有需要时，自然地引入自我介绍。

（5）讲究艺术。自我介绍需要看场合和对象，如与一个人单独会见，问好后便可以直接进行自我介绍，也可以引发对方先做自我介绍，如询问对方的姓氏或称呼，然后顺水推舟地介绍自己。

（二）介绍他人

介绍他人是一种让他人相识的重要方式，而作为介绍者，有以下几点需要注意：

（1）了解双方是否有结识的愿望。在介绍之前，介绍者应该先征询被介绍者的意愿，确保他们愿意被介绍。介绍者还可以先解释自己与被介绍者的关系，以帮助新结识的人相互了解和建立信任。

（2）介绍时应遵循的顺序。先介绍年龄小的一方，后介绍年龄大的一方，这是尊重他人的基本礼仪。

（3）注意自己的表达和态度。介绍者应以热情友好的态度、文雅大方的动作进行介绍。同时，介绍者要注意在介绍时言辞清晰，避免过度颂扬任何一方，让介绍过程公正而有礼貌。

（三）被他人介绍

当被他人介绍时，被介绍者需要注意以下几点：

（1）被介绍者应积极接受对方的介绍，展示出友好和热情的态度。

（2）在对方进行介绍时，被介绍者应保持专注，目光与对方接触，表现出对对方的尊重和兴趣。

（3）介绍结束后，被介绍者应积极与对方握手，友好问候，以此表达对对方的欢迎和尊重。

无论进行自我介绍还是介绍他人、被他人介绍，人们都需要注意以上几点，这不仅是展示个人素质的一个重要途径，也是维护良好人际关系的关键。

三、名片礼仪

名片又称卡片，我国古代也称"名刺"，是一种标示姓名及其所属组织、单位和联系方法的纸片。名片在社交场合用来表示个人身份，其中通常包含工作单位、姓名、职务以及联系方式等信息。现代名片不仅是自我介绍的工具，也用于传递信息、表示祝贺、慰问或吊唁等。它能在人们初次相识时深化印象，方便后续的联系和交流。

（一）名片的作用

首先，名片是自我介绍的主要方式之一，它包含个人的基本信息，如姓名、职务、联系方式和所属组织等。在初次认识的场合，使用名片可以帮助对方快速了解并记住你，加深初次印象，这对彼此后续的交往和联系非常有利。

其次，名片可以用作信息传递的工具。例如，拜访他人时，如果对方不在，可以留下名片，并在名片上简短附言。如果无法出席某些特殊场合（如表示祝贺、慰问或吊唁），可以随鲜花或礼物一起送出名片，这样既能表达自己的心意，又不会打扰对方。

（二）名片的递接

递接名片同样离不开礼仪。在向他人递送名片时，应将名片正面朝向对方，双手递上，身体微微前倾，面带微笑，并亲切地看着对方。同时，可以适当地读出自己的姓名，特别是名字中有生僻字时。

在接受他人的名片时，应尽快起身或欠身，面带微笑，眼睛友好地注视对方，并口称"谢谢"。接过名片后，应认真阅读一遍，最好将对方的姓名、职务轻声地念出来，以示敬重。名片应收藏在自己的名片夹或上衣口袋里，或放在办公室显著的位置，以表示尊重。同时，在接受对方的名片后，应适时递上自己的名片，如果没有携带名片，应先向对方表示歉意，再如实说明原因。

（三）名片使用的注意事项

使用名片时，需要注意以下几点：

（1）自己的名片应随时准备好，放在易于掏出的口袋或皮包里，以便需要时能及时掏出。如果放在身上，最好放在上衣的内兜里。名片应保持整洁，不能有褶皱。

（2）名片不能随意涂改。名片在国际交往中就像个人的脸面，不可随意涂改。如果电话号码和职务等有变化，应制作新的名片。

（3）不提供私宅电话，只提供办公电话和移动电话，以保护个人隐私。

（4）名片上一般不提供两个以上的头衔，以免给人造成吹嘘或用心不专的感觉。现在有很多人在多个身份的情况下，会准备几种名片，对不同的交往对象使用不同的名片。

四、握手礼

（一）握手的方法

握手礼是一种人际交往中非常普遍的礼节，它的方式和力度能传达出个人的态度和感情。握手时，两人的手掌应该完全接触，握手力度应该适中，既不能过轻使对方感到冷淡，也不能过重使对方感到压力。通常情况下，握手时应该看着对方的眼睛，并伴有微笑和适当的问候语。握手的持续时间一般为3～4秒，然后自然地松开。

（二）握手的顺序

握手的顺序也有一定的规则。通常来说，年龄大的人会先伸出手来，年龄小的人应当立即握手回应。男性应等待女性先伸出手来，才能握手。另外，若一方是客人，则应该等待主人先伸出手来，才能握手。具体原则如下。

（1）长辈、上司应先伸出手，晚辈或下属应当回应这个动作。

（2）宾主之间，主人应先向客人伸手。

（3）在男士与女士之间，男士要等女士先伸手后才能握手。如果女士没有伸出手的意思，男士应该通过鞠躬或点头来表示尊重。

（4）在平辈同性朋友之间，相见时先伸手为敬。

（5）如果需要和多人握手，握手时要讲先后次序。在多人的场合，握手应按照年龄、职务等顺序进行，先长辈后晚辈，先上级后下级，先女士后男士。如果人数较多，可以只和几个主要的人握手，向其他人点头示意。

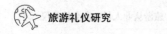

（三）握手的禁忌

握手是社交活动中的常见礼节。然而，每种礼节都有一些禁忌，握手也不例外。以下就是握手时需要避免的一些行为：

（1）忌用左手。在很多文化中，尤其是阿拉伯和印度文化，左手被认为是不洁的，因此，在这些文化背景下的交往中，一定要用右手握手。

（2）忌交叉握手。在多人握手时，应按顺序进行，避免交叉握手，以防混乱和无礼。

（3）和女士握手要轻。握女士的手时，只宜轻轻握女士的手指部位，不要长握不放，否则会显得不礼貌，让对方感到不适。

（4）不要犹豫或迟疑。在需要握手的场合，应该主动伸出手。如果犹豫不决或迟迟不出手，那将是失礼的行为。

（5）忌戴手套、墨镜、帽子握手。握手时，除非是女性或者所戴的手套是装饰性的，否则一般应该脱下手套、墨镜和帽子。

（6）注意握手的力度。握手的力度不宜过大或过小，过大会让人觉得粗鲁，过小则会让人觉得冷淡和傲慢。

（7）注意自己的姿态和表情。握手时，左手不应插在衣袋里，也不应该看着其他地方或表现出漫不经心的态度。这些都是不礼貌的行为。

（8）不要拒绝他人的握手。除非在特殊情况下，如手上有水或不干净，否则不应拒绝他人的握手。如果必须拒绝，也应当对对方表示歉意，并微笑或鞠躬致意。

五、其他见面礼节

（一）微笑礼

微笑礼能表达热情、善意和友好，是较常见的礼仪方式。一个微笑能让人感到舒适、放松，并促进交流。然而，微笑也需要适度，过度的笑容可能会显得不真诚或轻浮。在旅游接待时，当客人与自己相距较近或四目相对时，旅游接待人员应面含笑意，再配合柔和的目光伴以亲切的问候，这样可以给人以温暖、友善之感。

（二）点头礼

点头礼也称领首礼，其做法是头部向下轻轻一点，同时面带笑容。在社交中，点头礼用来表示认可、尊重或致谢。在我国，点头通常是向长辈表示尊重，也可以用来回应别人的点头或微笑。注意：点头要恰到好处，频繁点头会显得过分讨好。旅游接待人员在没有必要行鞠躬礼，却又需要向对方示意的场合，可以点头致意。行点头礼时，最好摘下帽子，以示对对方的尊重。

（三）挥手礼

挥手礼是一种用于远距离致意的礼节，常用于朋友、熟人之间的见面和告别。挥手礼被视为轻松、友好的行为，可以突破空间距离的限制，传达个体的积极情感和友好意愿。在公共场合，如会议、集会、运动比赛和社区活动等场所，这种礼节有助于加强人与人之间的互动。

挥手礼的要点在于情感的表达，一般需要微笑，以显示真诚和热情的态度。全身直立，面向对方，使人有亲近和被尊重的感觉。上半身和头部要朝向对方，这样可以确保对方看到并理解挥手的意义。举手致意时，手臂的动作应从自然位置自下而上向侧上方伸出，表现出热情和欢迎的意味。手掌应该面向外，指尖朝上，五指并拢，略微弯曲，以此展示友好的姿态。手部动作应该是轻轻地、优雅地横摆一下，避免过度挥舞给人带来压迫感。

（四）鞠躬礼

鞠躬礼是一种表达敬意和尊重的礼节。行鞠躬礼的过程中，礼者面对对方，直身站立，脚跟并拢，脚尖微微分开，目光落至距自己脚面1～1.5米的位置。这种仪式感的礼节具有强烈的象征性和深深的社会文化含义。行鞠躬礼的人，双手位置取决于性别，男性双手放在身体两侧，女性双手下垂交叠置于腹前。鞠躬的幅度取决于场合和对方的身份，如90°的深度一般用于非常重要或者庄重的场合，15°～45°的幅度则用于日常的问候和应酬。行鞠躬礼是一个高度互动的过程，受礼者通常会回应，但年龄较大的人可能会选择欠身点头，或者伸出手以示回应。

鞠躬礼在我国被广泛用于各种场合，它表示尊重、感激之情。在喜庆场合，鞠躬礼被用于向长辈或者来宾表示敬意。鞠躬礼也被用于庄重的场合，如追悼会或者祭奠，以表达对逝者的敬意。

行鞠躬礼时也有一些注意事项，包括行礼时应该脱帽，以示尊重；鞠躬时目光向下，表达谦恭；行礼时不要吃东西或者嚼口香糖；抬身时眼神应该礼貌地注视对方；如果碰到对方鞠躬时，应在鞠躬过后向右边跨出一步，让开路。

（五）拥抱礼

拥抱礼是一种传达亲密、热情和友好的礼节，分为非正式和正式两种。在非正式的场合，如机场、车站等地迎接久别的亲人或亲密的朋友时，人们往往会用到拥抱礼；在陌生人之间、同性之间、异性之间，为了表示友好，人们也常常会有抱一下或礼节性地搂一下的动作。另外，情侣或夫妻之间的热情拥抱也属于这一类，但这种拥抱没有严格的规定。

在正式的社交场合，拥抱礼更为讲究。两人相对而立，相距20厘米左右，右臂偏上，左臂偏下，右手环抚于对方的左后肩，左手环抚于对方的右后腰。按各自的方位，两人头部及上身都向左相互拥抱，然后头部及上身再转向右拥抱，再次向左拥抱，礼毕。

（六）拱手礼

拱手礼是一种在相见、祝贺或感谢时使用的礼节。行拱手礼时，双腿站直，上身直立或欠身，双手互握合于胸前。一般情况下，男性右手握空拳，左手抱右手，女性则相反。两手合抱于胸前，有节奏地晃动两三下，并微笑着问候对方。拱手致意时，常常与寒暄语同时进行。

在我国，拱手致意的场合很多，具体如下：重大节日如春节等，邻居、朋友、同事见面时，常用拱手礼表示祝愿；在团拜会上，大家欢聚一堂，互相祝愿，也常用拱手礼；在喜庆场合，如婚礼、生日宴、庆功宴等，来宾也可采用拱手致意的方式向当事人表示祝贺；告别、互道珍重时或者向对方表示歉意，也可用拱手礼来表达。

第二节　出行礼仪

在日常生活中，旅游从业人员的出行礼仪主要涉及旅游接待和拜访礼仪。接待又叫迎访，即迎接客人来访，包括迎客、待客、送客三个环节。拜访又叫拜会、拜见，是指前往他人的工作地点、居所或者约好的其他地点探望、会晤对方。

一、接待礼仪

接待礼仪是接待工作中的重要环节，恰当地运用接待礼仪可以提升企业的形象，为顾客留下良好的印象，同时有助于提高彼此交往的效率和成功率。接待分为业务往来接待、顾客投诉接待、会议接待、参观学习接待等。

（一）接待前精心准备

1.了解接待对象

接待的第一步始于对接待对象的全面了解。这包括了解他们的单位，来宾的姓名、性别、级别和人数等基本情况，以及他们的到达日期、所乘交通工具、车次和到达时间等。对重要的客人和高级的团体，接待人员还需要制订详细、严谨的接待方案。这些方案包括客人的基本情况、接待工作的组织分工、陪同人员和迎送人员的名单、食宿地点和房间的安排、伙食标准和用餐方式、交通工具的选择和费用支出、活动方式和日程安排，以及汇报内容的准备和参与人员等。通过充分了解接待对象，接待人员可以提供个性化和高效的服务，从而给接待对象留下良好的印象。

2.接待前的物质准备

接待前的物质准备工作涵盖了接待环境的布置和办公用品的准备。办公室或会议室等场所的环境应整洁明亮，且富有生机，如可以适当绿化装饰；办公室内的光线应适宜，既不过强也不过弱；室内家具的布置要合理，不阻碍人们的活动；茶具和茶叉的准备应符合接待对象的喜好；准备的水果点心要便于客人食用，应避免选择硬质、籽多的食物。这些物质准备的细节能够显示出接待人员对接待对象的尊重。

3.接待人员的仪容仪表

接待人员的形象代表了企业的形象，因此接待人员应品貌端正，举止大方，服饰整洁、得体。接待人员应根据场合打理自己的装扮，避免留长指甲，保持手的清洁；在饰物的佩戴上也应适度，不可过多，以免喧宾夺主。接待前，接待人员要避免食用有异味的食物，并注意口腔卫生。接待人员的得体表现，不仅可以赢得接待对象的好感，还可以提升企业的形象和声誉。

（二）热情迎客

热情迎客的主要环节是给予客人热烈且诚挚的欢迎。无论是在大门口、楼下、办公室还是住所门外，甚至是在车站、码头、机场，主人都应主动出门迎接。这种行为不仅展示了主人对客人的尊重，也表明主人的热情与开放。客人到来时，所有在场的人都应起身相迎，让客人感觉自己被尊重和重视。向客人介绍家人、亲朋好友或同事也是主人展现友好态度的重要方式。

（三）周到待客

周到待客主要体现在细节上。例如，在安排客人就座时，主人应主动为其提供最佳的位置。这是对客人的尊重，也表明主人愿意给予客人最好的待遇。当客人进屋后，主人还应主动协助客人放好随身携带的物品，这体现了主人的贴心和考虑周全。在接待过程中，主人应积极主动地为客人提供茶水和果品，茶水的浓度适中，斟茶的分量也应恰到好处。这种待客之道既考虑了客人的口味，也表现了主人的细心。若客人抽烟，主人应主动为其点火；若客人未坐下，主人不宜先行就座。这些都是待客礼仪中的微妙之处，体现了主人对客人的尊重。

（四）礼貌送客

礼貌送客是接待工作的重要环节，其直接反映了主人的风度和对客人的尊重。在送客过程中，主人要注意许多细节，让客人感到主人的热情和周到，进而深化彼此的关系。

（1）道别。当客人提出告别时，主人应立即起身回应，但必须在客人起身后再站起来，以避免逐客之嫌。握手道别时，应由客人先伸手，主人随后伸手。这样的礼节显示了主人对客人的尊重。根据对方的来访情况，主人可以适当送远一些，以显示主人的诚意和礼节。

（2）设宴饯别。设宴饯别是为客人专门举办的饯别宴会，这是对重要客人常用的送别方式。主人应以客人的时间、口味和习惯为主进行安排，以显示主人的细心和关怀。参加饯别宴的人员应与客人的身份、职位相当，以避免在人数或级别上给客人造成不适。

（3）专程送行。专程送行是对来访的重要客户离开时的特殊待遇，一般情况下，主人会安排专门的交通工具和人员。这种送客方式充分体现了主人的热情与周到。同样，送行人员也应选择与客人的身份、职位相当的人。

在送客过程中，主人还需要注意一些具体的事项。例如，主人应提醒客人带好随身物品，送行人员应向客人挥手致意，直到客人的交通工具启动或确认对方已经离开自己的视线再离开。这种细心的关照，既保证了客人的安全出行，也让客人感受到了主人的诚意和关怀。

二、拜访礼仪

无论是何种目的的拜访，拜访者均应当在礼节上加以注意，不可以失礼于人。拜访礼仪应当注意以下几个方面。

（一）提前预约

无论是商务拜访还是个人拜访，拜访者都应该提前通知对方，并明确拜访的目的。这不仅是对对方时间的尊重，也有助于确保拜访能在一个愉快和方便的氛围中进行。提前预约能够展示拜访者对主人的尊重，使主人对拜访者的拜访有所准备。

（二）注意时间

拜访的时间需要根据对方的日程安排。比如，在工作日拜访，拜访者最好避开一周中最忙碌的星期一，而在拜访家庭的时候，拜访者应选择节假日下午或晚饭后，避免影响到对方的正常生活和休息。

（三）仪容整洁

拜访者要根据拜访的场合和对象适当打扮。衣着整洁、仪表端庄，不仅可以展现自己的专业度，也能给对方留下好印象。

（四）遵守约定时间

拜访一定要准时，既不早也不晚。约定的时间是尊重对方的表现，迟到或过早到达都可能让对方感到不适。

（五）入门礼节

敲门或按门铃是基本的礼节，声音不宜过大或过小，只需让主人能听到即可。等待主人邀请进门后再进入，这是对主人个人空间的尊重。

（六）做客有礼

进门之后，拜访者应当主动向所有相识的人打招呼、问好。如果主人没有介绍其他的客人，拜访者不可随便打听其他在场的客人与主人的关系，也不要随意插话，喧宾夺主。主人请入座时应道谢，并根据主人的邀请，坐在指定位置。

（七）拜访适时告辞

拜访不宜过长，要掌握适当的时间。在双方都谈完的情况下，拜访者应适时起身告辞。在告辞时，拜访者要对主人的款待表示感谢，并使用恰当的礼貌用语。出门后，拜访者应主动请主人留步，礼谢远送。

拜访礼仪是一种表现尊重、维护和谐关系的方式。遵循这些礼仪规则，拜访者可以在拜访过程中避免不必要的冲突和尴尬，同时能够让拜访的目的顺利达成。

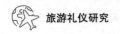

第三节　通信礼仪

众所周知，当今社会被普遍认可为一个信息社会。现代化通信工具的不断涌现给旅游从业人士提供了越来越多的信息获取、传递和利用选择。

通信是指利用各种电信设备进行信息传递的行为，在此过程中，信息可以文字、符号、表格和图像等形式传递。在日常生活中，旅游从业人员接触最频繁的通信手段包括电话、微信、传真和电子邮件等。通信礼仪是指人们在利用上述通信手段时应当遵守的礼仪规范。通过遵循通信礼仪，旅游从业人员能够更好地与他人进行沟通和交流。合理使用通信工具，并遵循相应的礼仪规范，有助于营造良好的沟通氛围，提高信息传递的准确性和效率，同时表达了对对方的尊重和关注。

在现代社会，通信工具的多样化为旅游从业人员提供了广泛的选择。然而，与人沟通的礼仪和规范在任何通信方式中都是重要的。因此，无论是使用电话、微信还是电子邮件，都应该牢记通信礼仪的原则，并以礼貌、准确和有效的方式进行信息交流。

一、电话礼仪

电话沟通作为间接交谈的一种方式，尽管不能直接看到对方，但通过语言、声调、内容等表现出的电话形象，能够深刻反映出通话者的个人修养和工作态度，也是体现单位和部门整体形象的一种重要方式。对旅游从业人员来说，电话不仅仅是一种传递信息、获取信息、保持联系的工具，更是他们单位或个人形象的载体。

（一）拨打电话礼仪

无论是选择打电话的时间还是正在进行电话交流，都应该充分考虑对方的感受，表现尊重和礼貌，这样不仅可以增强沟通效率，也能展现良好的个人修养和专业素质。

1.适当的时间

在选择拨打电话的时间时，应考虑对方的便利。如果是谈公事，最好在对方上班 10 分钟后或下班 10 分钟前进行。如果是谈私事，除非非常重要，否则不应在他人的休息时间打电话，如午餐时间、午休时间以及早上 7 点前和晚上 10 点后。

2.提前准备

在打电话前，应明确自己想要表达的内容，以便节约通话时间。为了避免现想现说的情况，应尽量遵守"三分钟原则"。

3.拨打电话时的准备

在接通电话之前，应对要表达的内容有充分的准备，尤其在给陌生人或上司打电话时，应给对方以沉着、思路清晰的感觉。电话机旁应备有笔和便笺，以备需要记录时用。

4.通话礼仪

在通话之初，应使用礼貌语言，如"您好"，并简明扼要地自报家门。在通话过程中，要避免使用粗鲁和不礼貌的语言。需要请对方转接或者找人时，应该说"劳驾"或"麻烦您"。

5.留言礼仪

如果需要留言，应简洁明了地留下自己的姓名和电话号码，并对传达者表示感谢。

6.拨错电话的礼仪

如果拨错了电话，应立即道歉，例如"对不起"或"打扰您了"，

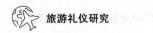

而不是没有任何解释就直接挂断电话。

7. 结束通话的礼仪

结束通话时，应使用礼貌语言，如"拜托了""麻烦您了""打扰您了""谢谢""再见"，然后轻放电话挂断，尽量避免产生较大的噪声。

（二）接听电话礼仪

接听电话不可太随便，要讲究必要的礼仪和一定的技巧，以免产生误会。无论是打电话还是接电话，都应做到语调热情、大方自然、音量适中、表达清楚、简明扼要。

1. 心态调整

拿起电话筒的时候，一定要面带笑容。即使对方看不到你的表情，愉快和积极的情绪也会通过声音传达出去，使得通话更为友好和愉快。

2. 及时接听

电话铃声应在三声内接起，避免让对方等待过长时间。如果由于某些原因不能及时接听，如电话铃声响了五声之后，应向对方道歉，并给出合理的解释。

3. 确认对方身份

如果对方未自我介绍或你没有听清楚，应主动询问对方身份。使用"请问您是哪位"或"我能为您做什么"等礼貌语言，能更好地建立沟通联系。

4. 传达信息

接到电话后应先自我介绍，以便对方确认是否找到正确的人。如果对方寻找的人不在场，可以代为传达信息，并询问是否需要留言。

5. 使用技巧

在接听电话时，应使嘴和话筒保持约4厘米的距离，以保证声音清晰。如果电话是找其他人，应用手轻轻捂住话筒，然后再叫受话人，避免让对方听到不必要的背景噪声。

6.结束通话

通话结束时，应让对方先挂断电话，并向对方道声"再见"，展示尊重和礼貌。无论是接听还是拨打电话，都应做到语调热情、大方自然、音量适中、表达清楚、简明扼要。

二、微信礼仪

微信作为当代人们生活和工作中不可或缺的社交工具，其礼仪主要包括尊重他人、注意时间地点、控制信息内容质量和数量、保持正面积极的态度等。只有遵循这些规则，人们才能在微信这个社交平台上更好地沟通和交流，获得良好的用户体验。

（一）添加礼仪

在添加他人为微信好友时，应自报家门，明确告诉对方自己是谁，尤其在工作联系中，要写明自己的工作单位、职务、联系方式和职责范围。添加好友要尊重对方，如果几次添加请求都未被通过，就应停止尝试。同样，在帮助他人推荐朋友或分享名片时，应先询问对方，得到同意后再进行操作。

（二）聊天礼仪

微信聊天要注意时间和内容。一般情况下，早上8点前和晚上10点后不宜发信息，除非是特别紧急的情况。消息内容要健康、合规，不违反法律，避免发送或转发带有强制性、诅咒性的不良内容。同时，语言要简洁明了，收到消息后应及时回复。在使用标点、语音、视频等功能时，也要注意规范，如正确使用标点、工作时段内尽量用文字交流、需要视频聊天时要先征询对方意见等。另外，未经对方允许，不应随便截

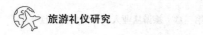

图或分享他人的聊天记录，需要截图时最好征求对方的许可，得到许可后，要把头像和姓名打上马赛克，确保不会给对方带来任何困扰。

（三）朋友圈礼仪

朋友圈是公开的空间，分享内容时更需要注意礼仪。点赞要谨慎，避免在没有看清楚内容的情况下随意点赞。分享的内容要积极、健康，避免发布低俗、负能量的信息。转发他人内容时，应添加自己的评论或概述，便于他人理解。最重要的是，发布内容要遵守法律法规，不发布违法的信息和内容。

三、电子邮件礼仪

电子邮件礼仪是一个重要的主题，尤其是在现代商业和社交环境中，正确地使用电子邮件可以帮助人们更有效、更专业的沟通。以下是电子邮件礼仪的一些要点。

（一）撰写与发送

（1）明确主题。在发送电子邮件时，必须准确无误地键入收件人的电子邮件地址。如果要向多人发送同一封邮件，则在"抄送"栏写上其他人的电子邮件地址。在主题行，你需要简洁地阐述邮件的主题，使收件人能立即了解邮件的主要内容。

（2）注明编码。在国际交流中，由于不同国家使用的中文编码系统可能不同，发送邮件时，应使用英文注明自己使用的中文编码系统，以避免接收方出现乱码问题。

（3）内容简明。电子邮件的正文应简洁明了，以方便收件人阅读。正文的开头要注明收件人的姓名，并使用适当的称呼，如"先生""小姐"等。信件的篇幅不要太长。

（4）文字规范。使用礼貌、规范的语言是对收件人的尊重。

（5）事先杀毒。如果你要发送的邮件中含有附件，发邮件前应先进行杀毒处理，以防将病毒传给收件人。如果你对某个邮件的安全性不确定，最好先进行杀毒处理。

（二）接收与回复

（1）定期开箱。定期查看收件箱，以确保没有遗漏任何重要的电子邮件。

（2）及时回复。一般情况下，应在收到邮件的当天给予回复。如果收到的邮件涉及需要更多时间处理的问题，也可以先通过电话告知对方已收到邮件，再在适当的时间发送详细的回复邮件。

（3）迟复致歉。如果由于某些原因未能及时查看和回复邮件，应尽快处理相关事宜，并向对方致歉。

（4）保存与删除。定期整理收件箱，根据邮件的重要性和价值进行保存或删除。对需要保存的邮件，应将其复制或转换为其他形式保存。对与公务无关的垃圾邮件、已无实际价值的公务邮件、已被复制保存的公务邮件，应及时删除，以防邮箱过于拥挤。

第四节　宴请礼仪

一、宴会的类型

宴会是一种重要的社交形式。人们通过宴会，既可以获得美食的享受，也可以在轻松的环境中交流和建立关系。以下是对各种类型的宴会的详细论述。

（一）国宴

国宴是由国家元首或政府首脑为国家庆典或为欢迎外国元首、政府首脑来访而举行的正式宴会。国宴的规格最高，宴会厅内悬挂国旗、设乐队、奏国歌，席间致辞，菜单和席卡上印有国徽。国宴是盛大而隆重的，其礼仪也十分严格。

（二）正式宴会

正式宴会通常由政府或人民团体的相关部门为欢迎应邀来访的宾客，或来访宾客为答谢主人而举行。除了不挂国旗、不奏国歌，其他程序与国宴相似，宾主依据身份就位。

（三）便宴

便宴是非正式的宴请，多在午餐、晚餐进行，有时也可以在早餐进行。便宴形式简单，不排座位，随意亲切；菜肴的道数可多可少，质量可高可低，没有严格的礼仪和程序。便宴多用于招待熟悉的亲朋好友。

（四）家宴

家宴是在家中以私人名义举行的宴请形式。这种形式亲切友好，往往由主妇亲自下厨，家人共同招待。家宴不讲严格的礼仪，菜肴多少不限，宾主席间随意交谈，气氛轻松而自由。

（五）茶会

茶会又称茶话会，是一种比较简单的招待方式，多为人民团体举行纪念和庆祝活动所采用，举行的时间多在下午4时左右。茶会通常设在客厅，而不在餐厅。厅内设茶几、座椅，不排座次。席间一般只摆放茶点、水果和一些风味小吃。茶会对茶叶和茶具的选用有所讲究，一般用陶瓷器皿，而不用玻璃杯。

（六）鸡尾酒会

鸡尾酒会举行的时间较灵活，中午、下午或晚上均可。鸡尾酒会规模不限，有时与舞会同时举行，便于宾客之间广泛接触和交谈。

（七）冷餐会

冷餐会即自助餐，其特点是用冷菜（也可有热菜）、酒水、点心、水果招待客人。冷餐会可在室内、庭院或花园举行；可设小桌、椅子自由入座，也可不设椅子，站立进餐；举办时间在中午12时至下午2时或下午5时到7时；菜点和餐具分别摆在餐台上，由宾客随意取用。

每种类型的宴会都有其特定的场合和用途，为人们提供了多样化的社交平台。

二、赴宴礼仪

宴会的成功离不开应邀赴宴的客人的密切配合。具体而言，赴宴礼仪包含以下几个方面。

（一）接受邀请

接受邀请是礼貌的表现。当收到宴会的邀请时，无论是否能够参加，应尽快给予回复，以便主人能够做出相应的安排。如果无法参加，应以婉转的方式拒绝，并尽早告知主人，这样可以避免对方的不便和尴尬。

（二）到达宴会

到达宴会的时间要合适。客人应该提前约10分钟到达宴会现场，这样可以避免让主人等待或感到尴尬。抵达后，客人应主动向主人问好，展现出友善和礼貌的态度。

（三）参加宴会

参加宴会时，客人应遵循当地的习惯和文化。根据情况，客人可以选择送上鲜花或花篮作为礼物，以表达对主人的感激之情。在宴会上，客人应听从主人的安排，并注意自己的座位。如果有座位安排，客人应按照主人的指示就座，如果没有明确的座位安排，也可以与其他客人协商或由主人指引。

（四）餐桌礼仪

餐桌礼仪在宴会中非常重要。客人应注意自己的坐姿，保持得体的餐桌礼仪。例如，客人的坐姿应姿态端正，不要太僵硬，也不要倒靠在椅背上；肘部不要架在餐桌上，以免妨碍邻座的客人；目光要随势而动，不要紧盯着菜盘不动。当主人拿起餐巾时，自己也可以拿起餐巾。打开后，餐巾应放在自己的腿上，不要别在领口里或挂在胸前。餐巾是用来防止菜汤滴在身上的，不要用餐巾来擦拭嘴角和餐具。

（五）进餐礼仪

进餐时，应当文明，闭嘴咀嚼，不要发出声音。喝汤应当轻啜，对热菜、热汤不要用嘴去吹；骨头、鱼刺吐到筷子或叉子上，再放入骨盘；嘴里有食物时不要说话；剔牙时，用手或纸巾遮挡。边吃边谈是宴会的重要形式之一，无论是作为主人还是陪客，都应与同桌人交谈。注意同主人进行交谈。交谈时不要涉及敏感话题，不对宴会和饭菜加以评论。

（六）祝酒礼仪

在宴会上祝酒时，应了解对方的祝酒习惯，包括祝酒对象和祝酒的时间等，以便提前做好必要的准备。在祝酒时，不必交叉碰杯，而是应在主人和主宾致辞或祝酒时暂停进餐，停止交谈，专心倾听。遇到主人和主宾前来敬酒时，应起立举杯，与对方目视碰杯，以示尊重。互相敬酒可以活跃宴会气氛，但要控制饮酒量，避免过量饮酒导致言行失控。过量饮酒不仅影响个人的礼仪表现，还可能对个人健康产生负面影响。

（七）离开宴会

离开时，应帮助同桌的长者或女士拉开座椅，同时不要遗忘随身携带的物品，最后向主人道谢并告别。

三、宴会的座次

不同的国家和地区在宴会座次的排列上存在一定的差异，但总体上都会事先安排好桌次和座次，以确保参加宴会的人坐在适当的位置，并展现对客人的尊重。

（一）排定桌次应当遵循的原则

在中华文化中，宴会的排桌顺序非常讲究，一般遵循一定的原则。其中主要的四个原则分别是居中为上、以右为尊、远门为上和临台为上。

1."居中为上"的原则

宴会中的主桌放置在房间的正中。这是因为这个位置在整个房间里最显眼，也最能表现主桌的地位和尊贵。在一次宴会中，这个位置通常会被用来安排主人或最尊贵的客人。

2."以右为尊"的原则

如果有多张桌子横向排列时，应该以宴会厅的正门为基准，将较重要的客人或家庭成员安排在右侧的餐桌。在中华文化中，右侧通常象征着尊贵和重要。

3."远门为上"的原则

如果桌子是纵向排列，那么越远离宴会厅的门，桌子的地位就越高。这是因为在古代，人们认为越远离门，越能避免恶露和风寒。这个位置通常安排最尊贵的客人。

4. "临台为上" 的原则

如果宴会厅内有主席台，那么背对主席台的餐桌会被认为是主桌。如果没有主席台，那么可选择背靠餐厅主要画幅的餐桌作为主桌。这是因为这样的位置既可以让坐在那里的人享受到宴会的主要活动，也可以让他们欣赏到餐厅的主要装饰。

（二）排定桌次

一般情况下，桌次的高低以距离主桌位置的远近而定，离主桌越近，桌次越高，同等距离下，右边高于左边。两桌的宴会可以根据场地进行横排或者竖排（图 3-1）摆放，多桌的宴会桌次安排可以布置为环绕式的，即主桌位于宴会厅的中央位置（图 3-2）。

目前我国通常采用圆桌宴请。一般情况下，主桌要略大于其他餐桌，圆桌的座次在不同的场合也有所不同。

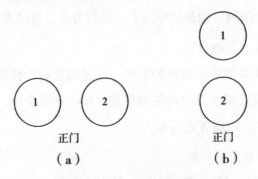

图 3-1　两桌的宴会桌次图

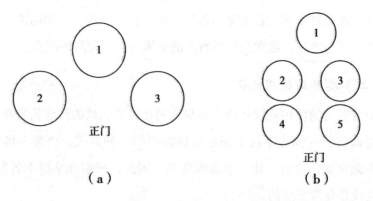

（a）　　　　　　　　（b）

图 3-2　多桌的宴会桌次图

四、中餐礼仪

中餐是中式餐饮的简称，指的是一切具有中国特色的、依照传统方法制作的、为中国人日常生活中所享用的餐食和饮品。中餐礼仪和上菜顺序是中华饮食文化的重要部分。一般来说，中餐的餐具主要包括杯、盘、碗、碟、筷、匙六种。在餐桌的摆设技巧上，无论是点菜还是上菜，都严格按照分类和顺序进行。

（一）中餐的上菜顺序

（1）开胃菜。开胃菜通常由一盘冷盘组成，有时可以包含多达 10 种不同的食物。这种开胃菜的设计可以刺激食客的食欲，让他们期待接下来的菜肴。

（2）主菜和汤。在开胃菜之后，一般会上主菜和汤。中餐的主菜通常是偶数道。在豪华的餐宴上，主菜有时可以多达 16 ～ 32 道，但在普通的餐宴上，通常是 6 ～ 12 道。主菜的味道和烹饪方式各异，可以包含酸、甜、苦、辣、咸五味，并通过炸、蒸、煮、煎、烤、炒等各种烹调方法制作。主菜的出菜顺序一般以口味清淡和浓腻交互搭配或干烧、汤类搭配为原则，最后通常以汤结束。

（3）点心和水果。在主菜结束后，通常会供应点心，如馅饼、蛋糕、包子等。点心之后，通常会提供新鲜的水果，作为餐后的甜点。

（二）餐具的使用礼仪

中餐餐具的使用礼仪体现了中华文明在餐饮领域的传统礼节和风尚。就中餐而言，一顿饭不仅是满足生理需求的一种方式，更是一场社交，人们在此交谈、交流、建立和加深联系。因此，理解和掌握中餐餐具的使用礼仪是非常重要的。

1. 主餐具

（1）筷子。作为我国传统餐具，筷子被誉为东方文明的象征。筷子正确的使用方法是：右手握筷，左手扶碗。在等待就餐时，不能坐在桌边一手拿一根筷子随意敲打，或用筷子敲打碗盏或茶杯。在用餐中途因故要暂时离开时，应将筷子轻轻搁在桌子上或餐碟边，不可插在饭碗里。在夹菜时，不可将筷子在菜盘里挥来挥去，也不可把筷子当作刀具在餐桌上乱舞，不可一手拿筷子在桌子上游走，犹豫不决夹哪道菜，也不可用舌头去舔筷子。

（2）碗。中餐的碗可以用来盛饭、盛汤，进餐时，可以手捧饭碗就餐。拿碗时，用左手的四根手指支撑碗的底部，拇指放在碗端。吃饭时，饭碗的高度大致和下巴保持一致。这些都是使用碗的基本礼仪。

（3）勺子。勺子的主要作用是舀取菜肴、食物。有时，用筷子取食时，也可以用勺子来辅助，尽量不要单用勺子取菜。用勺子取羹类食物时不要过满，免得溢出来弄脏餐桌或自己的衣服。舀取食物后，可以在原处"暂停"片刻，待汤汁不再往下流时再取回来享用。暂时不用勺子时，应放在自己的碟子上，不要把它直接放在餐桌上或让它在食物中"立正"。用勺子取食物后，要立即食用或放在自己碟子里，不要再把它倒回原处。

（4）盘子。盘子主要用来盛放食物，在使用方面和碗略同。这里着重介绍一种用途比较特殊的被称为"食碟"的盘子。食碟主要用来暂放从公用的菜盘里取来享用的菜肴。用食碟时，一次不要取放过多的菜肴，不要把多种菜肴堆放在一起。不吃的残渣、骨、刺不要吐在地上、桌上，而应轻轻取放在食碟里，放的时候不能直接从嘴里吐在食碟上，要用筷子夹放到碟子旁边。

2.辅助餐具

在辅助餐具中，水杯、水盂和餐巾也有相应的使用礼仪。水杯主要用来盛放清水、汽水、果汁等饮料。在宴席上，摆上鸡、龙虾、水果时，有时会送上一个小水盂（铜盆、瓷碗或水晶玻璃缸），水上漂有玫瑰花瓣或柠檬片，供洗手用。在中餐用餐前，餐厅会为每位用餐者上一块湿毛巾，这块毛巾只能用来擦手。在正式宴会结束前，餐厅会再上一块湿毛巾。和前者不同的是，它只能用来擦嘴，不能擦脸、抹汗。

（三）用餐的得体表现

在我国的餐桌礼仪中，对使用餐具和餐桌行为有着严格的规定。以下是一些详细的餐桌礼仪规定：

（1）尊重长者和他人。在开餐前，应等待长者或主人先动筷。在长者说"请吃"或动筷后，才能开始用餐。当同桌的人还没有结束用餐时，应避免提前离桌。

（2）筷子使用。筷子是中餐的主要用具，使用时需要注意不要敲击碗盘、乱挥或用筷子指向别人，以免冒犯他人。同时，使用筷子夹菜时应避免犹豫不决和贪心夹取过多。

（3）碗的使用。在吃饭时，应将碗端到距离嘴唇适当的位置，而不是将脸伸向桌面。吃完饭后，应将碗放回原处，不要随意放在桌子上。

（4）勺子的使用。使用勺子时，应注意不要将勺子插在饭碗或菜盘中，不要用勺子在菜盘中挑拣，也不要将勺子直接放在桌子上。

（5）食碟的使用。食碟主要用来放置从公共菜盘中夹取的食物。使用时，不应将多种食物混合在一起，且不应放置过量的食物。

（6）食物的选择和享用。在选择和享用食物时，要尽量选择靠近自己位置的菜品，避免横跨整个桌面夹取食物。同时，应避免"一窝蜂"式的抢食，要适度地享用食物，并保持良好的餐桌形象。

（7）对待残渣和废弃物。食物的残渣和废弃物应放在食碟上，而不是直接吐在桌子或地板上。如果食碟已满，应请服务员更换。

（8）餐桌交谈。在餐桌上交谈时，应尽量避免大声喧哗，不应边吃边谈。当嘴中有食物时，应避免开口说话。

五、西餐的礼仪

西餐的礼仪不仅仅体现在食品的制作和供应上，更体现在食用者的行为和礼节上。餐中，使用刀叉是一种基本的用餐习惯。通常从外侧开始取用刀叉，左手持叉，右手持刀，将食物切成小块再送入口中。在使用刀叉的过程中，另一个需要注意的是进餐的方式。食用者应以叉子压住食物的左端，固定后顺着叉子侧边切下适量的食物，然后用叉子将食物送入口中。放下刀叉时，食用者应将刀叉左右分开，放在餐盘的边上，且刀刃应朝向自己，表示还将继续进餐。需要做手势或谈话时，食用者应放下刀叉，避免在空中挥舞，同时避免一只手持刀或叉，另一只手拿餐巾擦嘴。

对特定的食物，如鸡肉、龙虾等，一般来说，经过主人的示意，食用者可以用手撕食，但在没有得到明确示意的情况下，应用刀叉切割。在进食汤品时，食用者也应注意礼节，用汤匙由内向外舀起，避免发出吮吸的声音。吃带有腥味的食品时，食用者通常会配备柠檬，用于挤汁去腥。在每道菜吃完之后，食用者应将刀叉并拢放在盘内，表示已经吃完（图3-3）。如果还没有吃完，食用者应将刀叉摆成八字形或交叉放置（图3-4）。这些都是西餐的基本礼仪，体现了尊重、礼貌和文明的风范。

图 3-3　用餐完毕

图 3-4　用餐尚未完毕

第四章　旅游从业人员社交礼仪

第一节 旅游社交的基本素养

一、尊重文化多样性

尊重文化多样性在旅游业中占有重要地位。旅游从业人员每天都会与来自世界各地的游客打交道，他们可能有着截然不同的风俗习惯和传统信仰。因此，如何尊重并处理好这些文化差异成了旅游从业人员面临的一大挑战。

对旅游从业人员而言，尊重文化多样性需要有一种包容心态。每一种文化都有其独特性和价值，没有哪一种文化是绝对的"优"或者"劣"。尊重文化多样性并不是简单地接受或者忽视这些差异，而是要理解和欣赏这些差异，并用开放的心态接纳它们。这种尊重体现在日常工作中的每一个细节，如对不同文化背景的游客的问候方式、食物的选择、服饰的认识等。尊重文化多样性还需要有一种学习的心态。文化的差异往往源于历史、地理等多种因素，是一种深层次的差异。要想真正理解和尊重这些差异，旅游从业人员就需要通过学习去了解这些差异背后的文化。这种学习可以通过读书、上课、交流等多种方式进行，而最有效的方式往往是实地接触和体验。通过亲身体验，旅游从业人员不仅能更深入地了解这些文化差异，也能从中体验不同文化的魅力和独特性。

当然，尊重文化多样性并不意味着盲目接受和妥协。在面对一些可能违反人权或者违反社会公序良俗的文化现象时，旅游从业人员也需要有足够的勇气和智慧去提出自己的看法和建议。这需要他们有足够的职业素养和道德判断力，能够在尊重差异和维护公正之间找到一个平衡点。

二、敬业精神

敬业精神作为旅游从业人员的基础素质之一，其在行业中的重要性不言而喻。旅游从业人员要始终对工作保持热情，具备积极的工作态度，并且愿意投入时间与精力去提升个人的专业知识与技能。一方面，这对旅游从业人员为游客提供优质服务具有决定性作用；另一方面，对旅游业的深入了解以及热爱，能够使旅游从业人员在面对困难和挑战时保持良好心态，积极寻找问题的解决办法，从而提高服务质量。敬业精神的具体表现如图4-1所示。

图4-1　敬业精神的具体表现

（一）热忱

热忱是一种积极的情绪状态，其在行动方面多表现为积极主动、勇于承担责任以及对事情全力以赴。在日常工作中，无论是向游客提供咨询服务还是规划旅行路线，旅游从业人员都需要投入高度的热情，提供专业且有温度的服务。

（二）高效率和专业性

旅游业涵盖多个领域，对从业人员的专业要求较高。一般情况下，旅游从业人员需具备丰富的知识，熟悉业务流程，并能高效完成工作。这既体现在日常的接待工作中，如迅速、准确地办理各种手续，又体现在解决突发事件中，如旅游安全问题、行程调整等。对游客来说，高效、专业的服务能够极大地提高他们的旅行体验。

（三）投入时间与精力

投入时间和精力对于提升个人知识和专业技能水平是有力的促进，这是敬业精神的重要体现。旅游业是一个高度专业化、高度细分的行业，要求从业人员具备广泛的专业知识和技能，包括旅游管理知识、旅游市场营销知识、旅游服务技能、多种语言技能、人际交往能力等。这就要求旅游从业人员不断学习，不断提高自己的专业素质，以适应旅游业的发展和变化。这种学习不仅是提升个人知识水平和专业技能的过程，也是提高服务质量的过程。

（四）对旅游业的深入了解和热爱

旅游从业人员对旅游业有着深厚的热爱，他们不仅热爱自己的工作，更热爱旅游业这个行业。这种热爱来源于对旅游的理解和认同，来源于对旅游带给人们快乐的体验，来源于对旅游为社会经济发展做出贡献的信念。这种热爱让他们在面对困难和挑战时，能够坚持下去，不断寻求解决问题的方法，从而提高服务质量。

敬业精神是旅游从业人员的重要素质，是旅游从业人员为游客提供优质服务的关键因素。敬业精神让旅游从业人员能够全身心地投入工作中，热爱自己的职业，为游客提供专业、高效的服务。因此，旅游从业人员必须具备敬业精神。这是他们成功的关键，也是旅游业发展的关键。

三、强烈的服务意识

（一）客户至上

在旅游业中，客户至上是核心经营理念，它要求旅游从业人员始终将满足客户需求和期望作为工作的首要目标。

在服务过程中，不论是提供信息、规划旅程还是解决可能遇到的问题，旅游从业人员都需要深度理解和尊重游客的需求。例如，提供信息时，旅游从业人员需要确保信息的准确性和及时性，帮助游客做出适合他们的选择。规划旅程时，旅游从业人员需要了解游客的兴趣和期待，提供个性化和差异化的旅行建议。解决问题时，旅游从业人员需要以积极、耐心和专业的态度帮助游客解决问题，以减轻游客的疑虑和不安。真诚的服务不仅体现在具体的服务内容上，更体现在对游客的尊重和关怀上。每一个游客都应该被看作独一无二的个体，获得热情、尊重和耐心的对待。通过这样的服务态度，旅游从业人员可以与游客建立良好的关系，使游客感受到被尊重和关怀。只有这样，旅游从业人员才能真正做到客户至上，让每一个游客都能在旅行中得到良好的体验。

（二）提供个性化服务

在现代旅游业中，个性化服务已成为区分优质服务和普通服务的标准之一。每一位游客都有自己独特的需求和期望，因此，旅游从业人员必须有能力为其提供满足这些需求的个性化服务。这一点不仅要求从业人员对旅游产品和市场有深入了解，也需要他们具备敏锐的洞察力和理解力，把握每个游客的个性和特点，从而为其提供符合他们期望的服务。例如，对喜欢安静的游客，旅游从业人员可以为其推荐较为安静且人少的旅游景点，或者推荐在非旺季旅行，这样能够让游客在旅行中享受更为安静的环境，更好地放松身心。对喜欢探险和挑战的游客，旅游从业人员则可以推荐一些有挑战性的户外旅游活动，如徒步旅行、攀岩、潜水等，这样不仅能满足他们的冒险精神，也能给他们带来更为深刻和独特的旅行体验。

个性化的服务可以极大地提升游客的满意度，使他们感到被尊重和理解。在日益激烈的旅游市场竞争中，个性化服务无疑是吸引和留住游客的重要策略。

（三）快速应变和解决问题

旅游活动中可能会出现各种预期之外的问题，因此旅游从业人员必须有快速应变和解决问题的能力。这需要他们有足够的专业知识和经验，能够在问题出现时，迅速找到解决方案。例如，当因天气变化要调整旅游行程时，他们应迅速调整行程，为游客提供其他的旅游活动。当旅游景点突然关闭时，他们要及时为游客找到替代的旅游景点。这种快速应变和解决问题的能力可以确保游客的旅游体验不被影响，提高游客的满意度。

四、良好的沟通技巧

旅游业是一个以人为本的行业，良好的沟通是必不可少的。旅游从业人员需要具备优秀的沟通技巧，才能够与不同背景、不同语言的游客进行有效沟通。

（一）明确、有效的表达

在旅游行业中，明确、有效的表达是一种沟通技巧，其对旅游从业人员向游客提供优质的旅游服务有着重要作用。

旅游从业人员要能够清晰地传达信息，无论是解释旅游项目、介绍景点，还是回答游客的问题，这一点都至关重要。在传递信息时，旅游从业人员必须确保使用的语言清晰、准确，避免含糊不清。更进一步，他们应掌握如何以简洁明了的方式表述复杂的概念或信息，以确保游客可以轻松理解。当游客提出问题时，旅游从业人员需要充分了解问题的背景，以确保自己给出的答案准确、详细。

（二）理解和满足游客需求

理解和满足游客需求是旅游从业人员的主要工作之一。他们需要在日常工作中主动了解游客的旅游目标、兴趣爱好、期望的服务等信息，以提供最符合游客需求的服务。这一过程中，旅游从业人员需要具备良好的聆听和观察能力，通过游客的话语、行为和反应，去捕捉他们的需求和期望，为他们提供个性化的服务，提高游客的满意度。

旅游从业人员还要灵活应对各种情况，时刻关注游客的反馈，并根据反馈调整服务内容和方式。这就需要旅游从业人员具备较强的问题解决能力和应变能力，能在变化的情况下，及时做出让游客满意的决定。

（三）正确、妥当的非言语沟通

非言语沟通是旅游从业人员与游客交流中的一项重要技能。它包括肢体语言、面部表情等。正确和妥当的非言语沟通能有效地补充和增强语言表达，有时候甚至比语言表达更能直观地传达出旅游从业人员的态度和情感。例如，微笑和保持眼神接触可以传达出友好和热情，让游客感到被尊重。

在旅游服务过程中，旅游从业人员需要通过自己的非言语行为，营造愉快、轻松的气氛，帮助游客放松心情，享受旅游过程。旅游从业人员还应注意观察和理解游客的非言语行为，通过游客的表情、肢体语言等非言语信息，捕捉他们的情绪和需求，以更好地服务他们。

（四）建立良好的关系

建立良好的关系是至关重要的。在这种关系建立的过程中，以下几个方面必须把握好：首先，旅游从业人员应持尊重所有游客的态度，这不仅仅是指语言上的尊重，更包括对游客的需求、习惯和价值观的尊重。其次，旅游从业人员要展现出对游客问题的关注和理解，能够及时响应游客的需求，并提供合适的方案。最后，旅游从业人员需要积极寻求与游客的共享经验，这可能包括分享目的地的故事、文化习俗，或者一些特殊的旅游体验。这种共享可以让游客感到与旅游目的地和服务提供者的紧密联系，有利于旅游企业的长久发展。

（五）提升游客满意度

游客的满意度是衡量旅游服务质量的重要指标，而旅游从业人员在提升游客满意度方面起着关键作用。旅游从业人员需要通过提供优质的服务满足游客的需求。这不仅包括提供与游客期待相符的服务，还需要在服务过程中展现出对游客的关注和尊重。当游客在旅游过程中遇到问题时，他们希望能够得到旅游从业人员的帮助。因此，旅游从业人员必须有能力识别并解决问题，以确保游客的旅游体验不被问题影响。良好的沟通是提升游客满意度的重要手段。通过有效的沟通，旅游从业人员可以理解游客的需求和期望，从而向游客提供满足这些需求的服务，以进一步提升游客的满意度。

五、较强的问题解决能力

（一）应变能力和决策能力

在旅游业中，应变能力和决策能力是至关重要的。由于旅游活动的特性，旅游从业人员经常需要在瞬息万变的环境中做出迅速和准确的决策。当面对行程延误、预订问题或其他预期之外的情况时，旅游从业人员的应变能力和决策能力便面临考验。例如，假设一辆旅游大巴突然出现故障，此时旅游从业人员就需要迅速地评估问题的严重性，确定解决问题的优先顺序。在这个过程中，旅游从业人员不仅需要保持冷静，还需要具备良好的应变能力和决策能力，以便在多个可能的解决方案中，选择最能满足游客需求、最具实施性的方案。

决策过程中需要考虑的因素很多，包括但不限于游客的期望、实际情况的限制、安全性考虑等。这些因素都需要被合理权衡，以制定出最佳的解决方案。因此，旅游从业人员需要具备足够的专业知识和经验，以便能够在复杂的情境中做出明智的决策。

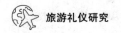

（二）团队合作能力

旅游从业人员必须具备团队合作能力，能够有效地与同事、合作伙伴以及游客本人沟通，以确保各种问题得到及时、准确的处理。例如，当一位游客在旅游过程中丢失了贵重物品，旅游从业人员就需要与酒店的工作人员、导游，甚至当地的警察等相关人员合作，共同帮助游客找回丢失的物品。在这个过程中，旅游从业人员需要及时地传递信息，确保所有人都明白自己的职责和目标，以便共同为解决问题而努力。

另外，在多部门或多人员的协同工作中，旅游从业人员还需要具备良好的协调能力和谈判技巧，以便能够协调各方的工作，解决可能出现的冲突或矛盾。

第二节　旅游从业人员出席有关社交活动的礼仪

社交活动中的礼仪是衡量一个人专业素质的重要标准，对旅游从业人员而言，这一标准更是重要。他们在社交活动中的言谈举止直接反映其职业素养和企业形象。

一、着装得体

出席社交活动时，旅游从业人员的着装是构成第一印象的重要因素。得体的着装可以帮助旅游从业人员建立正面的形象，增强他人对旅游从业人员和其代表的公司的信任感，有利于建立和维护良好的社交关系。

具体而言，旅游从业人员得体的着装包括以下几个方面（图4-2）。

图 4-2　着装得体的具体表现

（一）考虑活动性质

活动的性质是决定着装的一个关键因素。如果是正式的商务会议，旅游从业人员通常需要选择西装革履，以展示其专业和正式的形象。例如，参加一次重要的合作洽谈，或者出席一次行业颁奖礼，这些场合都需要他们着装得体，让人感觉专业且认真。而在休闲的户外活动中，如公司的团队建设，或者一次户外探险活动，舒适的休闲装或运动装更为适宜。这样的着装可以让他们在保持专业的同时，更好地适应活动的需求。

（二）尊重地域文化

在旅游从业人员的工作中，尊重特定场合的文化是非常重要的。除了考虑文化的特点，旅游从业人员还可以进一步了解当地的历史、传统和价值观，以便更好地向游客传达这些信息。通过穿着符合当地风俗的服装，旅游从业人员可以更好地向游客展示地方文化。这不仅能够促进旅游从业人员与当地社区的融合，还能增进其与当地人的交流和合作，从而为游客提供更深入的文化体验。

（三）保持整洁

无论旅游从业人员参与的活动是什么性质，保持整洁的着装都是至关重要的。除了穿着干净的衣物和搭配得当的配饰，他们还要注重鞋子

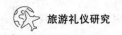

的清洁和个人卫生的维护。例如，在参加旅游博览会等场合时，旅游从业人员需要穿着整洁且舒适的制服，以展现自身的专业素质和良好的形象。这种整洁的着装不仅能够赢得客户的信任和尊重，还体现了旅游从业人员对工作的认真态度和自我要求。

（四）表现个人品位

旅游从业者的着装也是其个人品位的一种体现。例如，如果一个旅游顾问在与客户见面的时候，选择穿着一套质地优良、颜色协调的套装，可以很好地展示自己的专业素质和良好品位。他们还可以适度地融入当地流行的时尚元素，以更好地与游客建立连接，增强与游客的互动体验。

二、守时

社交活动中，守时是一个基本且至关重要的礼仪，尤其对旅游从业人员而言，守时不仅是尊重他人的时间，更是自身专业素养的体现。

（一）提升个人形象

一个人的时间观念常常被看作其个人品格的反映。守时，对旅游从业人员而言，是他们展现职业精神和敬业态度的一个重要手段。他们准时抵达，无论是出席商务会议还是参加行业交流活动，都会塑造他们的专业形象，进一步赢得客户和同行的信任。举个例子，一个旅游顾问，如果能够在约定的时间准时抵达会议地点，那么他的专业形象就会得到提升，与此同时，他所代表的公司或机构也会因此得到正面的宣传。

（二）保障工作效率

旅游行业的日常工作涉及许多环节，而这些环节通常需要团队的协同配合，一旦有人迟到，就会像滚雪球一样影响接下来的工作流程，最后导致整个项目进度延迟。旅游从业人员准时参加活动或会议，不仅能保证工作的流程不被打断，还能提高团队的整体效率。

以旅行社的工作人员为例，他们的工作往往涉及接机、送餐、安排景点参观等多个环节，这些环节之间时间上的延误，可能导致客户的不满，甚至影响公司的业绩。如果旅行社的工作人员能够严格守时，按时安排好每个环节，保证团队的协同配合和工作的高效进行，就能够有效地避免延误和出现问题，为客户提供更好的旅行体验。

（三）塑造良好的公司形象

无论是参加活动还是进行商务洽谈，旅游从业人员的守时行为都会给人留下良好的印象，提升公司的声誉。例如，当一个旅游顾问在约定的时间内准时到达客户的办公室，为他们提供详细的旅行规划和建议，这种守时的行为将增强客户对该公司的信任，进而增加客户选择该公司的意愿。

三、言谈举止得体

社交活动中的言谈举止是反映旅游从业人员职业素养的重要部分。得体的言谈举止不仅有助于旅游从业人员塑造良好的个人形象、提升公司形象，也能有效避免不必要的冲突。

（一）塑造正面的个人形象

旅游从业人员的言谈举止不仅直接影响其与他人的交流质量，也是塑造个人形象的重要手段。得体的言谈举止能够帮助他们在他人眼中树立积极、专业的形象，从而赢得他人的信任和尊重。例如，一位导游在向游客介绍景点时，如果能够用清晰、准确的语言，有条理地进行讲解，就能展示其专业和负责任的形象。同样，如果在处理客户问题时，旅游从业人员能够保持冷静，用礼貌的语言向客户解释，就能显示其对工作的热忱和对客户的尊重。因此，无论是在日常的工作交流中，还是在社

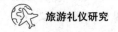

交活动中，旅游从业人员都需要通过得体的言谈举止来展现自己的专业素养，以此提升自己的个人形象。

（二）提升公司形象

旅游从业人员的言谈举止，尤其是其在社交活动中的表现，无疑会对他们所代表的公司形象产生直接影响。正面、得体的交流方式可以增强客户对公司的信任度，帮助提升公司形象。例如，一个旅游咨询员在接听客户电话时，如果能够友善而耐心地回答问题，为客户提供准确的信息，就能给客户留下良好的印象，提高公司的声誉。同样，如果在社交活动中，旅游从业人员能够展现良好的职业道德和高尚的个人修养，不仅可以增强人们对他们的信任，也有助于塑造和提升公司的正面形象。这对公司的长期发展是至关重要的。

（三）避免不必要的冲突

在社交活动中，得体的言谈举止可以有效避免不必要的冲突。例如，当面对客户的抱怨或者批评时，如果旅游从业人员能够保持冷静，用礼貌和尊重的语言来回应，就能避免冲突的升级，更有效地解决问题。相反，如果他们在交流中使用侮辱性的语言，或者对客户的观点表示轻视，就可能引发冲突。因此，旅游从业人员需要通过得体的言谈举止来避免不必要的冲突，促进业务的顺利进行。

四、保持专业性

无论是对待客户还是同行，旅游从业人员都应始终保持专业的态度，尊重他人。要做到这一点，旅游从业人员应当从以下几个方面进行（图4-3）。

图 4-3　保持专业性的做法

（一）知识和经验的展示

对旅游从业人员而言，他们的专业知识和经验是他们的核心竞争力。旅游从业人员可以通过分享旅游目的地的历史文化、景点特色、旅行技巧等方面的知识，展示自己的专业素养，也可以讲故事的方式，生动地介绍旅游背后的故事和背景，让听众更好地了解和欣赏旅游的意义和价值；还可以分享自己在旅行过程中的经验和教训，为他人提供有价值的旅行建议。通过展示专业知识和经验，旅游从业人员能够树立自己的专业形象，增强与他人的交流和合作。

（二）尊重他人的观点和建议

尊重他人的观点和建议是旅游从业人员保持专业性的关键。旅游从业人员应该保持开放的心态，聆听他人的意见，并通过主动提问和倾听的方式，鼓励他人分享他们的观点和建议。旅游从业人员应重视他人的观点，并认真思考从他人的观点中获取新的灵感和思路，扩展自己的思维。通过合作和团队工作，旅游从业人员可以与同行一起探讨问题，共同寻求解决方案。通过与他人合作，旅游从业人员可以获得更多的观点和意见，并通过集思广益的方式达成更好的结果。在表达自己的观点时，旅游从业人员应注意言辞和方式，避免使用攻击性或贬低他人观点的言语。旅游从业人员应以友善和尊重的态度与他人交流，积极倾听并提供建设性的反馈。

通过尊重他人的观点和建议，旅游从业人员能够展示出专业素养和团队合作能力。这种尊重不仅有助于个人的成长和发展，还为旅游行业的进步和提升做出了积极的贡献。

（三）准确、及时传递信息

在旅游行业中，信息的准确性和及时性是至关重要的。一般情况下，当一个客户对一个旅游产品或服务提出询问时，他多依赖旅游从业人员提供的信息做出决定。这时候，旅游从业人员需要有足够的专业知识和经验，确保他们提供的信息是准确无误的。如果他们提供的信息错误，可能会引导客户做出错误的决策，对客户的旅游体验产生负面影响。同时，他们需要保证信息的及时性。在旅游行业中，信息往往需要在短时间内做出反应。例如，在旅游高峰期，酒店的预订情况可能会在短时间内发生变化，旅游从业人员需要及时更新这些信息，以免客户错过预订机会。

（四）执行和创新的能力

在旅游业务的执行过程中，旅游从业人员需要严格遵守行业规定和标准，确保服务质量和客户满意度。例如，旅游向导需要按照旅行社的行程安排导游服务，不能随意更改行程。然而，对旅游业务的执行不仅仅是机械地遵循规定和标准，旅游从业人员还需要有创新精神，找出更好的服务方法。例如，当一个旅游向导发现他的行程安排对某些客户来说过于紧凑，他可以尝试调整行程安排，使之更适合客户的需求。这种创新的精神可以帮助旅游从业人员提供更高质量的服务，提升客户的满意度。

五、良好的团队协作能力

在社交活动中，旅游从业人员的团队协作能力不仅表现在他们与同事、合作伙伴的互动上，更体现在他们如何与客户建立并维护良好的关系上。

（一）了解并尊重各自的角色

在多元化的团队中，尤其在旅游业这样需要各种专业技能和角色才能提供全面服务的行业中，旅游从业人员对各自角色的了解和尊重至关重要。无论是负责规划旅行路线的旅行顾问，还是在前线与游客直接互动的导游，抑或是在幕后确保所有行程安排无误的行政人员，每个人都在各自的位置上发挥着关键作用。旅游从业人员需要时刻提醒自己任务的完成需要大家一同协作。例如，当导游在旅行过程中遇到难以解决的问题时，他们可以及时与旅行顾问或行政人员沟通，借助他们的专业知识和经验，共同找到解决方案，而不是孤军奋战。

（二）积极沟通

沟通是团队合作的基础，没有有效的沟通，团队合作无法顺利进行。尤其在旅游行业中，面对各种突发状况，旅游从业人员只有及时、准确地沟通，才能确保服务的顺利进行。例如，如果一位导游在旅行途中发现某个景点无法访问，他需要立即与其他团队成员沟通，共同寻找替代方案，而不是选择单独处理。这种积极的沟通能够有效地解决问题，也能保持团队成员之间的紧密合作，避免由于信息不对等而导致的混乱和不满。

（三）共享目标

团队合作的核心是共享目标，其要求团队成员必须对团队的目标有清晰的认识，并为实现这个目标做出贡献。在旅游行业中，无论是销售人员、旅行顾问、导游还是行政人员，他们的共享目标都是为客户提供最佳的旅游体验。例如，导游在向游客介绍景点时，不仅要注重信息的准确性，也要注意讲解的生动性和趣味性，以增强游客的参与感和体验感；旅行顾问在规划行程时，不仅要考虑行程的合理性，还要考虑游客的个性化需求，为其提供最满意的服务。

（四）尊重和理解客户

在旅游行业，客户是团队工作的中心，他们的需求和满意度直接影响着团队的工作。旅游从业人员需要深入理解客户的需求，尊重他们的选择，为客户提供满足其需求的服务。例如，对有特殊饮食需求的客户，旅游从业人员不仅需要提前了解并做好准备，还需要在旅行过程中随时关注客户的反馈，及时调整服务内容，提高客户的满意度。这种对客户的尊重和理解，不仅能增强客户的信任感，也有利于团队提升服务质量，赢得良好的口碑。

第三节　旅游从业人员在线沟通礼仪

一、社交媒体上的自我呈现

（一）真实性与一致性

在社交媒体上，旅游从业人员面临一种特殊的挑战，即如何在数字空间精确地呈现自己的职业身份。其中，真实性和一致性成了两个不可或缺的元素。它们直接关系着个体可信度和专业性的构建。在社交媒体上制造虚假的个人形象，不仅可能失去客户，还可能影响整个职业群体的声誉。反观旅游从业人员以真实性与一致性为原则，以可靠的自我呈现与客户建立稳定的关系和信任才是取胜的关键。真实性要求旅游从业人员如实地展示自己的专业能力；一致性则需要他们在不同的社交媒体平台维持相同的职业形象，这种一致性不仅仅是表面的图像和信息的一致，还涉及品牌故事、价值观和业务理念等多个方面。通过对这些元素进行统一和标准化的呈现，旅游从业人员不仅能够提高自身的可识别性和影响力，还能够在激烈的市场竞争中获得更多的竞争优势。

（二）适度的专业展示

社交媒体为旅游从业人员提供了一个展示自己专业知识和经验的平台。然而，如何适当地进行这种展示，是一个需要旅游从业人员深思熟虑的问题。过度的专业展示可能给人一种自恋或自吹自擂的印象，而不足的展示又可能导致专业性不足等负面评价。因此，适度的专业展示成为一种必要的平衡艺术。这不仅需要旅游从业人员具备扎实的专业知识和实践经验，还需要他们掌握一定的信息筛选和呈现技巧。例如，他们可以通过发布与旅游行业相关的新闻、研究文书或案例分析等内容，来突出自己的专业优势。同时，通过与其他从业人员或专家的互动和讨论，不断地更新自己的专业知识，从而在社交媒体上树立一个专业、可靠的形象。

（三）文明用语与积极态度

在社交媒体上，语言的使用方式直接反映了一个人的文明程度和心理状态。因此，文明用语和积极态度成为旅游从业人员在社交媒体上自我呈现的两个重要方面。文明用语不仅体现在旅游从业人员对词语和句式的选择上，更体现在其与他人交流互动的过程中。这需要旅游从业人员具备高度的语言敏感性和人际交往能力，以确保自己的言辞和行为能够得到客户和同行的普遍认同和尊重。积极态度则体现在他们对待工作

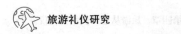

和生活的整体心态上。通过在社交媒体上发布积极正向的内容，旅游从业人员不仅能够提升自己的心理健康水平和工作效率，还能够给客户和同行带来更多的正能量和信心。

（四）隐私保护意识

随着互联网技术的不断发展，人们对隐私保护的关注度越来越高。在社交媒体上，旅游从业人员需要特别注意保护自己和他人的隐私，以维护网络安全和社交信任。这不仅包括对个人信息、联系方式和财务状况等敏感信息的保密，还包括对客户需求、行程计划和商业机密等专业信息的保护。任何一次不慎的信息泄露都可能对旅游从业人员的职业声誉和市场竞争力造成不可逆转的损害。

二、在线沟通的礼仪

（一）及时响应

在数字化快速发展的当下，时间成了一种宝贵的资源。在线沟通的及时响应不仅是一种礼仪，更是服务人员专业性和服务质量的体现。从心理学角度看，及时响应能有效减少客户的不确定性和焦虑感，从而增强其对服务提供者的信任感。特别是在旅游业这一高度依赖信息和服务的行业中，及时响应更是旅游从业人员必备的素质和能力。这不仅需要旅游从业人员具备高度的职业敏感性和责任心，还需要他们掌握一定的信息处理能力和决策制定能力。只有做到这一点，旅游从业人员才能确保在线沟通的效果和质量，从而满足客户个性化的需求。

（二）准确表达

语言是人们进行沟通和交流的主要工具，其表达的准确程度直接影响信息传递的效果。在在线沟通中，由于缺乏面对面交流的机会，文字和语音的准确性尤为重要。从语言学角度看，准确表达需要旅游从业人员具备丰富的词汇量和掌握足够的语法结构，以确保信息能够准确无误地传达给客户。从交际学角度看，准确表达还需要旅游从业人员具备一定的文化和情境意识，以免客户误解。

（三）遵守规范

随着聊天工具的普及，在线礼仪规范逐渐成为人们日常交往和职业发展的一部分。这不仅涉及基本的社交礼仪和行为准则，如称呼、问候和感谢等，还涉及一系列专业和伦理方面的问题，如信息披露、隐私保护和版权尊重等。因此，遵守在线礼仪规范不仅是旅游从业人员的礼貌的体现，更是其职业素养和道德修养的体现。在旅游业这一高度依赖信誉和口碑的行业中，遵守在线礼仪规范尤为重要。这不仅需要旅游从业人员具备全面而深入的礼仪知识，还需要他们在实际操作中具备一定的判断能力和分辨能力。只有做到这些，旅游从业人员才能确保在线沟通的公平性和合规性，从而维护企业和个人的长期利益。

（四）保持耐心

服务业特别是旅游业，大多数情况下是"人本"行业，即其核心价值和竞争力主要体现在人与人之间的交流和互动上。因此，保持耐心对旅游从业人员来说，是一种基本的礼仪要求，更是一种有效的服务策略。从心理学角度看，保持耐心能有效降低客户的心理防御和抗拒感，从而增加其对服务提供者的信任度。从社会学角度看，保持耐心能促进社会资本和网络关系的积累，从而扩大企业的市场影响力。特别是在处理复杂、敏感的在线沟通时，如投诉处理、危机应对和客户挽留等，旅游从业人员更要保持耐心，积极运用多种技巧，如同理心、积极反馈和情感引导等，确保沟通的效果。

第五章　旅游业主要岗位礼仪

第一节 导游服务礼仪

导游的修养和言谈举止对他们的业务成败以及所代表的国家和民族形象有着重要影响。导游需要熟悉文明礼貌和现代社交礼节，不仅在自己的业务范围内展现，也要了解接待对象的文化和生活习俗。通过遵循一系列文明礼貌的交往准则，他们能够为游客提供优质的服务和舒适、愉快的旅行环境。在旅途中，导游既是主人，又是客人。对游客来说，导游承担着主人的责任，而每到一个地方，导游也要被当作客人看待。因此，在工作中，导游既不能忽视对主人角色的认知，也要引导游客与当地人友好相处。

一、导游的准备工作礼仪

导游的准备工作礼仪如图 5-1 所示。

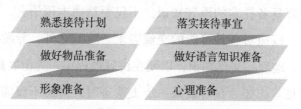

熟悉接待计划	落实接待事宜
做好物品准备	做好语言知识准备
形象准备	心理准备

图 5-1 导游的准备工作礼仪

（一）熟悉接待计划

接待计划是旅游活动的重要依据，包括行程安排、景点参观、食宿安排等重要内容。导游要详细研究并熟悉这些内容，了解每一项活动的时间、地点、顺序等，以便在实际接待过程中，能够准确无误地指导游客。例如，导游应熟悉从某酒店到某景点的最佳路线，知道何时是该景点的最佳参观时间，以及景点内不容错过的重点项目。

（二）落实接待事宜

导游需要在活动开始前，与相关单位协调，确保接待工作的顺利进行。比如，导游可能需要提前与景点方面沟通，确认入场时间和团队规模，以避免现场混乱。导游还需确认游客的特殊需求，如餐饮需求或者健康状况，确保每一位游客都能得到妥善照顾。

（三）做好物品准备

导游需要根据接待计划，准备一些必要的物品。例如，导游可能需要携带讲解器、地图、急救包等物品。这些物品可以在需要时为游客提供便利，也能在紧急情况下，帮助导游及时处理问题。例如，在参观一些历史悠久的景点时，讲解器可以帮助导游清晰地向游客传达信息，地图则可以帮助导游更好地向游客解释路线。

（四）做好语言知识准备

导游需要具备扎实的语言知识，不仅要精通本国语言，也需要掌握一定的外语，以应对各种可能的交流需求。除此之外，导游还需要了解相关的历史、地理、文化知识，以便在讲解过程中，为游客提供更丰富、更深入的信息。比如，在解说某一历史遗迹时，导游不仅需要说明其基本情况，还应从历史、文化等多个角度，深入解读该遗迹的意义。

（五）形象准备

作为接待游客的第一面，导游的形象会对游客产生重要影响。导游需要保持整洁的仪表，以及亲切、专业的态度，以营造良好的接待环境。例如，导游应该着装整齐，面带微笑，待人有礼，给游客留下良好的印象。

（六）心理准备

导游的工作充满了挑战，可能遇到各种预料之外的情况。因此，导游需要做好充分的心理准备，随时准备应对各种情况。无论遇到什么问题，导游都应保持冷静，积极寻找解决办法。例如，如果遇到天气变化影响行程，导游应迅速调整计划，寻找合适的替代方案，以保证游客的旅游体验。

二、导游的迎接服务礼仪

导游的迎接服务礼仪是非常重要的，它是旅行社对客人友好、专业和高效服务的展现，也是游客在旅游过程中对导游和旅行社的形象、服务质量等方面的第一印象。因此，导游的迎接服务礼仪不仅关系到客人对旅行社的印象，也影响着整个旅游活动的顺利进行。

（一）等候团队

导游需要提前抵达等候点，如机场或车站，并确保佩戴好导游证和拿好社旗。这是导游工作的基本要求，表明了导游对待工作的专业性和严谨性。另外，导游还应持接站牌，以便旅游团队能迅速找到他们。

（二）认找旅游团

在等待团队期间，导游应站在显眼的地方，并将接站牌举至游客容易看到的高度。这样可以避免漏接、错接、误接等情况发生。导游的身体语言和表情也很重要，他们需要展示友好和热情的态度，让游客感到安全和放心。

（三）接到游客

接到游客后，导游应热情地向他们打招呼，以营造欢快和舒适的气氛。导游还应观察团队中的客人，看是否有人需要帮助携带行李。这体

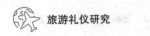

现了导游的周到和关心，会使游客对旅行社产生良好的印象。

（四）引导游客

导游引领客人到达旅行车后，应站在车门旁扶助旅游者上车，待所有人都上车后，检查并清点行李是否已放好，最后上车。这是对客人的尊重，也是为了确保团队的行程顺利。在客人落座后，导游要清点人数，但不宜用手指点。这是为了防止人数出错，也是尊重每一位游客，避免让他们感到被物化。

需要注意的是，如果是接入境的国外游客，导游需要询问是否在机场兑换货币和办理本地电话号码。在机场会有一些外文的景区地图，导游可以帮客人拿一些，这样既方便了客人，也可以提高客人对导游的满意度。

三、导游的讲解服务礼仪

（一）车内讲解

（1）站立位置。导游应站在旅游车中前部的中间位置。这个位置使得导游能够最大限度地看到车内所有的游客，也让所有的游客都能够看到导游。这样既能确保每个人都能听到导游的讲解，也有利于增强互动性。

（2）表情和眼神交流。导游的表情应自然，尽可能地放松并带有亲切感，这样能使游客感到被尊重和被重视。导游应该尽力与每个游客进行眼神交流，这样能让游客感到他们是被重视的。

（3）话筒使用。导游使用话筒是为了保证讲解的清晰度和音量，使所有游客都能听清讲解的内容。话筒应当以适当的角度和距离持于口前，避免噪声。根据车内的环境噪声和游客的反应，导游可适时调整话筒的音量。

（4）手势控制。在讲解过程中，合适的手势可以帮助游客更好地理解讲解内容，但是过多或过大的手势可能会让游客感到不适或者分散注意力。导游在讲解时应控制好手势的频率和幅度，只在需要强调或解释某个重点时使用恰当的手势。

（5）站姿保持。一整天的讲解工作可能会使人感到疲劳，但是导游需要始终保持端正的站姿，尽量避免频繁的移动或者不自然的动作。

（6）游客关照。在讲解过程中，导游需要注意观察游客的反应，及时调整讲解的内容或方式以满足游客的需求。导游的眼神和注意力应始终关照全体在场的游客，让每个人都感到自己是旅行的一部分。

（二）沿途讲解

在前往旅游点的路上，导游应向游客介绍当地的风土人情和自然景观。这包括地理特征、历史、文化习俗和主要的社会经济活动等。导游讲解的内容应丰富多彩，包括当地的故事、传说、趣事等。对沿途的景象，导游应该及时介绍，帮助游客更好地理解和欣赏这些景色。导游应该随时准备好回答游客可能提出的问题，及时解决他们的困惑。

在抵达景点前，导游应该向游客简要介绍景点的概况，包括景点的历史、价值和特色。这主要包括景点的创立历史、主要的建筑和景观、重要的历史事件、对社会和文化的意义等。导游的介绍应该能够帮助游客了解和欣赏景点的特殊之处，提升他们的旅行体验。

为了方便游客在旅行过程中的活动，导游应该告知旅游车的车牌号码和司机的姓名。这可以帮助掉队的游客尽快找到团队，避免产生不必要的麻烦。

到达景点时，导游应该告诉游客该景点停留的时间、集合的时间和地点。这可以帮助游客合理安排他们的时间，确保他们能够按时集合，避免耽误行程。导游还应该告知游客一些重要的注意事项，如卫生间的位置、旅游车的车号以及如何保管好个人物品等。这可以帮助游客避免一些不必要的问题，保证他们的旅行顺利进行。

（三）景区景点讲解

在景区景点的讲解环节，导游应当运用多种导游方法，如历史典故、传说和趣事的巧妙运用，能够激发游客的探索兴趣和求知欲。引导游客深入了解地点背后的历史和文化，并在旅程中寻找乐趣，是每个导游的基本职责。导游应综合考虑游览点的特色、游客的心理变化、旅游车的行驶路线和速度，以及整体的日程安排，以便选择最佳的讲解时机。讲解的内容应有序、系统，让游客在参观过程中得到连贯、深入的了解。

在讲解过程中，导游应该保持良好的职业形象和行为规范。讲解内容应准确、表达流畅、条理清楚、语言生动。在讲解过程中，导游不应该有吃东西、吸烟等不适当的行为。导游应考虑游客的需求，合理安排讲解的时间，留给游客足够的摄影时间。对游客在游览过程中的特殊要求，导游应尽力满足。但是，对一些违反规定的要求，导游必须婉言拒绝，维护公共利益和规则。总的来说，景区景点讲解旨在提升游客的旅行体验，让他们在旅程中增长知识、享受乐趣。

（四）返回途中讲解

返回途中，导游要向客人宣布第二天的活动安排，如早餐的时间与地点，出发时间、地点等。抵达酒店后，导游要主动向领队征求意见，了解客人对当天活动安排的反映，针对当天遇到的问题，与领队和客人共同协商解决，在与客人告别时，也要表达良好的祝愿。

四、导游的送站服务礼仪

（一）表达惜别之情

在旅程的尾声，导游应以热情、真诚的态度，向每一位游客表达深深的惜别之情。这代表着旅程的结束，更是对游客的感谢。

（二）总结旅程

在欢送词中，导游应总结整个旅程的亮点和难忘的瞬间，激发游客对旅程的共享记忆。这不仅可以增强游客的参与感，也可以强化他们对旅程的回忆，加深他们对旅程的理解和感悟。

（三）期盼重逢

在最后的告别中，导游应表示对未来与游客重逢的期待和祝愿。这是对旅程的最后点缀，也是对未来的期待和展望。

（四）握手告别

送别游客时，导游应用热情的握手来表示敬意和感谢。这是一个简单但非常重要的礼节，能够提升游客的满足感。

（五）游客离开后的注意事项

游客离开后，导游不能立即离开。在火车站或者机场等地，导游应当在游客上车或通过海关后再等几分钟，以防游客有任何突发问题需要解决。特别是在航班延误的情况下，导游应主动关心游客，必要时要和领队共同留下处理有关事宜，以保证游客的旅行顺利结束。

五、导游的后续工作服务礼仪

导游的服务并不仅仅限于陪同游客旅行，其后续工作同样重要。

（一）归还所借物品，结清账目

旅程结束后，导游必须检查并归还所有借用的物品，包括旅行社、酒店或其他服务提供商的物品。导游还需要结清所有的账目，包括团队费用、餐饮费用、门票等。这个步骤非常重要，因为它关系到旅行社的声誉和客户关系，遗漏或忽视可能会给旅行社带来严重的负面影响。

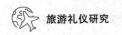

（二）处理遗留问题

导游应检查并解决所有遗留问题，如游客的遗失物品、投诉或建议、未解决的问题等。这个步骤同样重要，关乎游客的满意度和旅行社的声誉。处理这些问题时，导游需要细心、耐心，以及有良好的问题解决能力。

（三）做好陪同小结

旅程结束后，导游需要做一份陪同小结，记录整个旅程的详细情况，包括旅程的亮点、问题、建议等。这个小结将为旅行社的未来决策和改进提供重要的信息。这需要导游具备良好的观察力和记录能力，以便能够准确、全面地记录旅程的情况。

第二节　旅行社接待与服务礼仪

一、客服中心接待礼仪

客服中心是旅行社与游客互动的第一线，因此，提供优质、专业和友善的服务是至关重要的。接待礼仪通常包括电话接待服务礼仪和面谈接待服务礼仪。

（一）电话接待服务礼仪

电话接待是旅行社提供服务的重要方式之一。它对于塑造旅行社的形象和满足客户的需求至关重要。在接听电话时，旅行社的工作人员要保持礼貌和专业的态度。这不仅表现在言语上，更体现在他们对客户问题的处理上。当客户提出问题或者表达需求时，工作人员必须时刻保持耐心，并给予充分的关注和理解。在整个电话交谈过程中，工作人员保持适当的语速是必要的，既不能讲话过快使得客户无法理解，也不能讲话过慢导致沟通效率低下。工作人员适中的语速能够保证信息的准确传递，也体现了对客户时间的尊重。对客户提出的每一个疑问，工作人员都要尽力给出清晰、准确的回答，如果遇到不能立即解决的问题，需要向客户坦诚说明情况，并承诺后续会跟进处理。这样的行为既表现了旅行社的责任心，也能够增强客户的信任感。

（二）面谈接待服务礼仪

1.创设良好的面谈接待环境

旅行社接待区域不仅是接待客户的场所，更是旅行社形象的直接体现，因此应始终保持干净整洁。这意味着面谈环境需要定期清理，确保没有任何杂物或垃圾，地面清洁，家具和装饰物无尘。这种基本的清洁工作显示了旅行社对细节的关注和对客户的尊重。接待区域的照明应适中，既能满足客户的视觉需要，又能营造温馨的氛围。舒适的座椅不仅让客户在等待或交谈中感到放松，还体现了旅行社对客户舒适体验的重视。避免噪声干扰则是出于对客户的尊重，确保他们在交谈过程中不被打扰。

接待区域还应保护客户的隐私，特别是在处理敏感信息或进行重要商务交谈时。一些具有创新性的空间设计，如隔音屏风或者独立的接待室，能够在提供隐私的同时，保持空间的开放性。在装饰上，旅行社可以挑选一些温馨且具有地方特色的装饰品，如艺术画作、地方特色工艺品或者一些生动的旅游照片，这些都可以为接待区营造积极且热情的氛围，让客户感到被尊重和欢迎。

2.办公室面谈接待礼仪

面谈接待时，工作人员应保持专业和友善的态度，耐心倾听客户的需求和问题，提供清晰、准确的信息。当需要进行更深入的讨论或解答复杂的问题时，工作人员应邀请客户到一个私密、安静的地方进行详细讨论。

（1）保持专业形象。工作人员的外表和举止反映了旅行社的形象。他们应该穿着得体，保持专业和友好的态度。他们的行为应该展示对待客户的尊重和关心。

（2）起身招呼。当客户进入接待区域时，工作人员应立即起身并微笑致意。这是对客户的尊重，也显示了旅行社的热情。

（3）引导客户就座。工作人员应引导客户坐在舒适的位置，并确保他们有足够的空间。这有助于营造一种舒适、友好的面谈环境。

（4）介绍与交换名片。在面谈开始时，工作人员应自我介绍，并交换名片。这是基本的商务礼仪，有助于确立身份并开始正式的商务对话。

（5）奉茶或咖啡。开始交谈之前，工作人员为客户提供一杯茶或咖啡是一个友好的姿态。这有助于放松气氛，让客户感觉更舒服。

（6）进行交谈。在交谈过程中，工作人员需要耐心听取客户的需求和问题，并提供准确的信息。工作人员应该保持专业的态度，用清晰、通俗易懂的表达回答问题，最大化地尊重客户的意见。

（7）结束商谈送客。面谈结束时，工作人员应感谢客户的来访，并陪同他们离开。这既是对客户的尊重，也表达了希望继续合作的愿望。

二、门市接待服务礼仪

（一）门市的环境

（1）清洁整齐。清洁整齐的环境给人留下的第一印象通常是正面的，极易博得顾客的好感，使其主动在门市停留并购买商品。首先，业务人员应保持自身的职业形象，如穿着整洁的制服，保持专业和礼貌的态度。其次，商品的展示应清晰，方便顾客找到他们需要的商品。所有的商品应分类清晰，标签醒目，价格明确。同时，地面、架子、柜台等应保持清洁，没有灰尘。

（2）舒适。门市的环境舒适度影响顾客在其中的停留时间。一般来说，人们更愿意在温度、湿度适宜，光线充足的环境中停留。门市应保持适宜的室内温度，冬暖夏凉。良好的照明不仅能使门市看起来更明亮，也有助于顾客更好地查看商品。布局设计应考虑到顾客的活动空间，过窄的通道或过密的商品布局可能使顾客感到压抑，影响购物体验。

（3）安全。门市的安全性对顾客来说是至关重要的。火灾和其他紧急情况的应急设备应随时处于良好的工作状态，并定期检查。出口应设有清晰标识，以防紧急情况下的混乱。商品架和展示柜的设置应考虑稳固性和耐用性，避免出现翻倒、坍塌等情况。商店内应设有防滑设施，特别是在雨雪天气，防止顾客滑倒。

（二）门市业务员接待礼仪

门市业务员旅游接待礼仪不仅体现了公司的形象和服务水平，也直接影响了游客的满意度和回头率。

1.接待旅游者礼仪

接待游客时，业务员应始终保持热情和专业的态度。热情的态度包括面带微笑、语言温和、耐心倾听和热心帮助，让游客感到被尊重和欢迎。专业的态度则要求业务员具备足够的产品知识和服务技能，能够准确无误地解答游客的问题，提供专业的建议和帮助。业务员还需要提供明确的指引，如告知游客商品的位置、使用方法、注意事项等；在接待过程中展现公司的服务水平，如响应速度、服务质量和解决问题的能力等。

2.办理散客代办业务礼仪

办理散客代办业务时，业务员需要特别注意的是耐心、详细地解释相关政策和程序。不论是办理行程预订、改签、退款还是提供其他的旅游信息，业务员都应以清晰、易懂的方式说明，确保散客理解并满意。业务员也要确保散客的隐私和安全，如在处理散客的个人信息和支付过程中，应严格遵守隐私保护和信息安全的相关规定，以保护散客的权益。任何情况下，业务员都应以诚信为本，遵守道德和法律规定，公平、公正地对待每一位散客。

（三）接待特殊团队礼仪

接待特殊团队的礼仪要求更为严格和专业，因为这些团队的满意度和反馈可能对公司的业务和声誉产生直接影响。

1.接待新闻记者或旅游代理商礼仪

新闻记者和旅游代理商是专业人士，他们对服务的期望和需求往往更高。因此，业务员接待他们时需要展现专业的形象，提供专业的接待服务。业务员应提前了解他们的需求，如他们可能需要了解公司的最新产品、服务或业绩，因此应提前准备好相关的资料（产品手册、业务报告或新闻稿等）。在接待过程中，业务员应保持专业、诚实、透明的态度，准确、全面地回答他们的问题。必要时，业务员应为他们提供专门的服务，如专门的接待区、贵宾服务或私人顾问等，以体现对他们的尊重和重视。

2.接待大型团队礼仪

接待大型团队时，礼仪的要求更为严格，因为需要满足更多人的需求，同时避免出现混乱。门市应确保有足够的人力和资源来满足大型团队的需求，如足够的业务员、商品库存或服务设施等。接下来，业务员需要制订详细的接待计划，包括接待时间、地点、流程、人员分工等，以确保接待的顺利进行。在接待过程中，业务员应保持热情、耐心和专业的态度，尽可能满足团队成员的需求，提高他们的满意度。

（四）门市商务洽谈的礼仪

门市商务洽谈人员在进行商务洽谈时，需要具备专业的知识，以确保他们能够理解和处理复杂的商务问题。这包括了解公司的产品和服务、了解行业的最新动态，以及熟悉商务谈判的基本技巧和策略。业务员也要有良好的沟通和协调能力，以便与商务伙伴进行有效的交流和合作。在接待商务伙伴时，一方面，业务员要营造融洽而友好的气氛，以便建立良好的关系，促进有效沟通。这包括保持友好而专业的态度、提供舒适的接待环境等。另一方面，业务员要平等待客，慎重洽谈。这意味着他们要尊重和理解对方的观点，同时认真听取和回应。

表达观点时，业务员需要弹性表达，以确保他们的信息能够被商务伙伴正确理解和接受。业务员既要明确而有说服力地表达自己的观点，也要尊重对方的反馈和意见。任何情况下，业务员都应保持优雅和冷静，展现成熟的职业形象。这不仅能够提高他们的专业性，也能够赢得商务伙伴的尊重和信任。

第三节　酒店接待与服务礼仪

一、前厅服务礼仪

前厅是酒店的重要部门之一，其提供的服务范围涵盖客人的登记、接待、订房、换房、问讯、电话、订票、留言、行李等方面。它不仅是酒店的服务中心，也是展示酒店整体形象的窗口。可以说，前厅是酒店的"神经中枢"。因此，对前厅接待服务来说，服务人员必须具备较高的素质和礼仪修养。

（一）门厅迎送服务礼仪

门厅迎送服务是前厅的服务人员根据客人的需求，以优质、高效的方式为客人提供门口迎接和送行服务。在门厅迎送服务中，涉及门童接待礼仪、行李员服务礼仪和大堂清洁员服务礼仪等方面的要求。

门厅迎送服务礼仪是酒店服务中非常重要的一环。上岗前，迎送人员务必保持仪表端庄大方、服饰整洁，这是对客人最基础的尊重。当客人的车辆停在正门时，迎送人员应上前开启车门，优先服务女宾、外宾和老年人。这一环节既展现了酒店的热情接待，也体现了对客人尊重的礼仪。为了确保客人的安全，迎送人员开门时要用右手挡住车门的上方，提醒客人注意安全。对带有行李的客人，迎送人员应立即协调行李员为客人搬运行李，并且要确保没有遗漏的行李物品。这一环节展示了酒店细致入微的服务态度。迎送人员要记住酒店常客的车辆号码和颜色，以提供更快捷、更周到的服务。在雨天，迎送人员要为客人撑伞，以显示酒店对客人的关心和照顾。客人进店时，迎送人员要为客人开门，并说："您好，欢迎光临。"这种迎接客人的方式充满了热情和尊重。客人离店时，迎送人员要主动上前并帮助客人叫车，提醒他们注意车辆的行驶情况，以确保他们的安全。同时，迎送人员要主动帮助客人搬运行李，并向客人道别。这些都是体现酒店礼仪的重要环节。

当团队客人和大型会议、宴会的与会者集中离开时，迎送人员需要提高工作效率，减少客人的等候时间，并优先服务重点客人。这些都是酒店提供优质服务的体现。在车辆启动时，迎送人员应面带笑容挥手告别，目送客人离去。这不仅体现了服务人员的敬业精神，也展示了酒店的温馨和友好。总的来说，门厅迎送服务礼仪是一种对客人尊重和照顾的体现，是酒店服务中的重要环节。

（二）行李员服务礼仪

行李员的服务礼仪体现在细致周到的日常服务中，如主动迎接客人，帮助客人卸下行李并检查有无遗留物品。在处理行李时，行李员需要注意轻拿轻放，确保行李的数量准确，并得到客人的确认。行李员应保证随身行李始终在客人的视线范围内。在引领客人前往接待台时，行李员应在客人的侧前方行走，并用规范的手势指引客人前行的方向。

在客人办理入住手续期间，行李员应保持专注，随时准备为客人服务。当引领客人前往客房时，行李员应走在客人前方，面带微笑地指示客人前进的方向。同客人乘电梯时，行李员需要按住电梯按钮，礼让客人先入先出。在客房内，行李员应将行李摆放在行李架上，行李正面朝上，提手朝外，并让客人确认行李数量和完好状态。然后行李员需微笑道别，并以尊重的态度退出房间。

客人需要寄存行李时，行李员应主动帮助客人清点行李，邀请客人填写"寄存行李单"，并将客人的行李整齐地放在库房内，确保安全。当客人需要取寄存行李时，行李员应仔细核对寄存单和客人手中的副本，并将行李归还客人。客人离店时，无论房门开闭，行李员均要通过按门铃或敲门通知，并在清楚客人行李数量后，小心地将行李运输到车上，同时检查房间内是否有客人遗忘的物品。客人离店后，行李员应保持微笑，祝福客人旅途愉快。这些都体现了行李员的细心、尊重和专业。

（三）大堂清洁员服务礼仪

大堂清洁员的服务礼仪体现在日常清洁工作中的各个细节之中。大堂清洁员需要注意大堂的整洁度，特别是在雨雪天气，需要在大堂入口处铺设地垫或地毯，防止地面湿滑。大堂清洁员还需要及时对大堂入口进行清洁，确保地面无水渍，保证客人的安全。

在公共卫生间的清洁方面，大堂清洁员需要保持卫生间的清洁和无异味，客人使用过后应立即进行清洁。如果清洁工作给客人带来不便，大堂清洁员需要向客人致歉，并在客人离开时，主动为客人开门。电梯的清洁工作也是大堂清洁员的重要职责之一，他们需要选择客流量较小的时段和地点进行电梯清洁，以减少对客人的影响。清洁员在工作时，应保持专业的工作状态，遇到客人应礼貌问候，并礼让客人。在使用清洁设备时，大堂清洁员需要保证设备的整洁和完好，并正确使用设备，避免对客人造成困扰。所有这些行为都是大堂清洁员服务礼仪的主要内容，体现了清洁员对客人的专业、礼貌和尊重。

二、总服务台接待礼仪

（一）预订员服务礼仪

预订员的服务礼仪贯穿整个预订服务流程。预订员需要明确客人的预订类型，无论是团体预订还是散客预订，都应为其提供详尽的服务，包括预先为客人分房、定价，并准备好"预订登记表"。

接待客人时，预订员保持文明礼貌的态度是至关重要的。报价时，预订员掌握报价方法和运用口头描述技巧能引起客人的购买欲望，其中不仅包括推销技巧、语言艺术，更应遵守职业道德。填写"预订登记表"后，预订员要将预订要求与预订到达当天的可供房情况进行对照，从而决定是否接受客人的预订。无论是接受预订还是拒绝预订，预订员都要对客人表现出友好的态度。即使不能满足客人的预订要求，预订员也要尽可能使客人满意，提出可能的更改建议。接受预订后的确认工作也十分重要。通过确认，预订员可以进一步明确客人的预订要求，并表明酒店与客人之间已达成协议。另外，预订确认后，如果客人对预订内容有所更改，预订员应及时填写更改表，并将有关预订登记做相应改动，保持信息的正确性。电话预订服务中，预订员应保持友好、亲切的声调，对多数咨询酒店的服务项目、房价等的电话应耐心回答，并抓住机会向客人推销。当客人表示愿意接受时，预订员要进一步询问客人的要求，并填写订单。这些都是预订员服务礼仪的主要内容，展示了预订员的专业能力和对客人的尊重。

（二）接待员服务礼仪

接待服务是酒店业的核心，它代表了酒店的形象和品牌。在为客人提供服务时，接待员应遵循一系列礼仪和规则，以确保为客人提供优质的服务。以下是接待员服务礼仪的两个主要方面。

1.热情接待与沟通

接待员应始终保持端庄大方的姿态和整洁的着装，面带微笑，随时恭候客人的光临。当客人走向服务台时，他们应该热情地问候："您好！欢迎光临！请问您有预订吗？"听清客人的需求后，接待员尽可能满足他们的需求，并尽早称呼客人的姓氏，以表示对客人的尊重。无论何时，接待员都应保持耐心、友善和专业。

2.有效和专业的服务

如果接待台繁忙，客人较多，接待员应按先后顺序依次办理住宿手续，做到"接一答二照顾三"。当客人询问房间类型及价格时，接待员应详细介绍酒店的房间种类、规格和档次，并进行推销。如果当天已无空房，应耐心向客人解释并致歉，同时推荐其他酒店，并表达希望客人下次再来。完成住房通知单和迎宾卡后，接待员应礼貌且迅速地将证件递还客人，并表示感谢。分发钥匙牌时，接待员应用双手递给客人，并亲切地告知客人房间号码，祝他们入住愉快。

（三）问询员服务礼仪

酒店问询员是客人获取所需信息的重要渠道，他们的服务态度和专业程度直接影响客人对酒店的总体印象。一个优秀的问询员需要保持整洁的着装、端庄的仪态，始终保持精力集中并随时准备回答客人的问题。他们用简洁明了且得体的语言回答关于酒店设施、服务时间以及位置等问题，同时避免使用模糊不清的词语。如果客人提出无法满足的要求，他们会以诚挚的态度向客人表示歉意，请求客人的谅解与合作。

对电话咨询，问询员总是热情地提供帮助，并确保每个问题都有结果和反馈。如果他们不能马上回答问题，会明确告知来电者等待时间，以防长时间等待导致误会。他们会仔细记录客人的留言，包括留言人的姓名和房号，并尽快将留言转交接收人。问询员还负责对每天收到的信件和邮件进行分类，记录收到的时间，并和行李员一起将信件送到客人的房间，让客人签收。这种对细节的严谨和全面的服务礼仪体现了酒店问询员的专业和对客人的尊重。

（四）结账员服务礼仪

结账员在酒店的服务流程中起着尾声的关键角色的作用，他们的工作态度对客人的整体体验有着深远的影响。一名优秀的结账员应提前准备好账单，确保结账单的顺序与原始账单一致。在客人结账时，他们需要双手接收钥匙牌，并现场核对账单，确保热情、周到、迅速且准确地办理服务。在结算金额时，结账员要确保当面结清，不留任何模糊之处，避免客人产生被多收费的疑惑。

假如在客人的房费、账单或其他方面出现错误，结账员必须在客人离店前审核清楚，让客人付款后满意离开。如果结账的客人较多，结账员需要遵循"先来先服务"的原则，并以严谨、准确、快捷的态度为先来的客人服务，对后来的客人应礼貌地请他们稍候。结账完成后，结账员应对客人表示感谢，欢迎他们再次光临。他们的服务要给客人留下热情、礼貌的印象。这种对每一位客人的尊重和细心体现了结账员的专业和对服务礼仪的理解。

三、大堂值班经理接待礼仪

大堂值班经理也称"大堂副理"，是酒店与客人之间密切联系的纽带。其工作范围包括协调酒店各部门的工作、代表酒店处理日常发生的事件、帮助客人排忧解难、监督问题的处理。

（一）大堂值班经理基本礼仪

1.讲究形象

作为酒店的领班，大堂值班经理要讲究形象。他们应保持精神饱满，面带微笑，思想集中。其坐姿、站姿和走姿都应自然得体，出言谨慎，语气婉转，态度诚恳，谦逊有礼。大堂值班经理应在任何情况下都不与客人争辩，处事应彬彬有礼。

2.礼貌待人

大堂值班经理应礼貌待人。当有客人前来时，大堂值班经理应主动上前或起立，礼貌地问候。大堂值班经理应能使用英语或其他外语与外宾交谈，对内宾则应说普通话，不能讲方言。大堂值班经理应给予客人全面、详细的答复，并认真处理客人的问题，让客人感到可信且满意，避免不懂装懂或不负责任的自以为是。接待结束后，大堂值班经理主动向客人表示感谢，做到自然、诚挚。

3.沉着冷静

作为酒店的核心区域，大堂的管理决定了酒店的整体形象和客人的初步感受。在这样的背景下，大堂值班经理的作用尤为重要。他们在遇到突发紧急事件时，应具备高度的职业素养，表现沉着、冷静和果断的处理态度，能快速并准确地向相关部门汇报相关信息，并迅速获取和实施处理方案。

（二）带客参观礼仪

对酒店而言，每一次带领客人参观都是一次宣传机会。在参观过程中，公关部门的人员应与接待部门的人员密切配合，热情地对客人讲解并积极宣传。在安排客人参观酒店设施时，大堂值班经理应提前做好准备，并按照有序的安排进行。第一，引领客人参观的礼仪应规范且到位。在介绍酒店时，大堂值班经理应实事求是，充分考虑客人的兴趣，提醒客人爱护酒店的设施和设备，掌握好时间，适时结束参观。第二，任何的参观都不能影响酒店的正常营业和运转。对重要的参观或人数较多的参观，应事先做好预约。酒店是公共营业场所，如果准备不充分，可能会损害店内客人的利益。参观一般只限于酒店的公开营业区域，对管理区、后台区域如财务、机房、员工休息区或办公区等，一般都应拒绝参观，除非得到相关部门的批准。

（三）处理投诉礼仪

1.客人投诉的原因

客人的投诉往往源于多种原因的叠加。当客人对酒店的期望值过高时，如果酒店的服务设施、服务态度、服务项目没有达到他们心中的标准，即期望值与现实服务存在巨大差距，这种情况往往导致客人产生失望感，甚至投诉。由于每个客人的需求和价值观念不同，他们对事物的看法和衡量标准也各不相同。如果他们对酒店规定的理解与酒店存在分歧，就可能导致他们对服务有不同的看法和感受，从而引发误解和投诉。有些客人可能因为心情不佳或其他非酒店的原因而感到不满，在酒店内找机会宣泄，借题发挥或故意挑衅滋事，这也会成为引发服务投诉的一个原因。了解和理解这些可能导致投诉的因素，对酒店的服务改善和客户关系管理具有重要意义。

2.处理客人投诉的礼仪

接待客人投诉时，大堂值班经理要表现出耐心和理解。无论客人的情绪如何，都应该以冷静、有序的态度处理问题。这包括热情地接待客人、聆听他们的投诉，以及分析问题的核心。在处理问题时，大堂值班经理需要保持平和的心态，尽可能地帮助客人解决问题。

记录客人的投诉是必不可少的。书面记录显示了酒店对问题的重视，并有效减少甚至避免了客人对酒店的误解。在客人陈述的过程中，大堂值班经理应尽量避免插话或打断对方的话语，让他们在一个平静的气氛中表达自己的不满，并通过这种方式来缓解矛盾。

对客人的投诉，大堂值班经理应给予妥善的处理。这包括表达理解和同情，同时迅速进行必要的核查，并提出解决方案。在处理投诉时，大堂值班经理不能主观武断，也不能做出不合实际的承诺，以免给酒店带来不必要的名誉损失和经济损失。在和客人交谈时，大堂值班经理要适时地用征询、商量和建议的方式来察言观色，善于分析问题和判断是非。如果面对大声喧哗、粗暴无理的投诉者，大堂值班经理应选择其他地点单独接待，以免影响其他客人的正常活动。在解决问题后，大堂值班经理应向客人确认投诉是否得到了妥善的处理，这种做法不仅体现了对客人的尊重，还有助于提高酒店的服务质量。

四、总机服务礼仪

（一）接听电话礼仪

电话总机是酒店内外交流的关键节点和形象的展示窗口。作为远程服务的重要手段，电话接待需要依赖总机服务人员的声音和通话方式来体现服务礼仪。

1. 亲切问候

电话接听应在三铃之内，总机服务人员在接通电话后，应先报出酒店的名称，并亲切问候，如"早上好！××酒店"，避免使用"喂"或"讲呀"等不礼貌的用语。

2. 用心倾听

总机服务人员需要认真倾听来电客人的问题或要求，并尽力满足。对听不清或不理解的部分，总机服务人员应以礼貌的方式请客人再说一遍。若遇到紧急情况或拨错号码的客人，总机服务人员同样需要以礼相待。对客人的留言，总机服务人员要做好记录并及时转达。面对客人的投诉，总机服务人员也应该尊重并理解客人的立场。

3. 提供圆满答复

对客人的问题，总机服务人员应尽力回答。若遇到不清楚的问题，总机服务人员应查找相关信息或请示领导。回答问题时，总机服务人员要负责任，不能随意应答。对暂时无法满足的服务请求，总机服务人员要向客人解释原因，表示歉意，并提供解决建议。对敏感问题，总机服务人员应保持明确的态度，但言辞要婉转、灵活，既不能违反酒店规定，也要尊重客人的自尊。总机服务人员应使用询问、请求、商量、解释等礼貌的说话方式，避免使用质问、怀疑、命令、争吵等不恰当的语言表达。

（二）接转电话礼仪

在酒店环境中，电话总机的功能不仅限于连接电话线路，更体现在维护客户隐私、提供优质服务、保持酒店的专业形象上。接转电话涉及本地电话和长途电话，每一次的转接都需要细心处理，符合礼仪规范。

转接给住客的电话，总机服务人员有责任先了解来电者的身份和电话主题，确认是住客愿意接听的电话后，再进行转接。如果住客拒接，总机服务人员需要用尊重和礼貌的方式告知来电者，这是对客户隐私的保护。对电话中询问住宿信息的情况，总机服务人员同样需要得到住客的同意后才能提供给来电者。每一位住客的信息和房号都应得到妥善的保护，不对外公开，这是对客户隐私权的尊重。面对找寻住客的电话，而住客并未在酒店这一情况，总机服务人员应主动引导来电者留下详细的联系方式和信息，以便稍后转告住客。如果来电者请求留言，总机服务人员需要仔细记录并与对方确认无误后挂断电话，然后及时通知住客，这体现了对住客的关心和对工作的负责。

给员工转接电话时，总机服务人员不能在员工工作期间直接转接，可以转接到相关部门的办公室或其上司。这是对员工工作时间的尊重，也符合酒店内部管理规定。

（三）电话叫醒服务礼仪

酒店电话总机服务中，一个不可或缺的重要环节是叫醒服务。这项服务对许多客人来说非常重要，因为他们可能需要在特定的时间起床、赴会或参加其他活动。话务员需要以严谨的工作态度来确保这项服务的顺利完成。

实现准时叫醒的关键在于做好详细的登记。每当客人申请叫醒服务，话务员都要把客人的房号和叫醒时间清晰地记录在"叫醒登记表"上。并且，夜班人员和早班人员在交接班时要确认所有的叫醒信息，以确保准时叫醒客人。叫醒客人时，话务员的语言应该简洁，语音要甜美而柔和。这项服务不仅需要使用普通话，有时还需要使用英语，以适应不同语言背景的客人。叫醒的内容应包括一句简单而礼貌的问候，以及提醒客人现在的时间。如果在一定时间内无人接听电话，那么楼层值班员工需要去敲门直到客人被叫醒。另外，对晚起的客人，话务员需要提醒他们已经超过预定的叫醒时间，而这个晚起的时间会被记录在档案中。如果客人在日后投诉，这个记录可以作为证据。

五、客房服务礼仪

客房服务部门负责维护酒店所有客房的清洁和保养，提供各种配套用品，以此保证高质量的服务。由于客人在酒店的大部分时间都在客房度过，客房服务的品质对整体酒店服务质量的影响尤为显著。酒店应当成为客人的"第二个家"，让客人居住在整洁、舒适、安全的环境中，体验热情、礼貌、周到、主动以及耐心的服务。

（一）客人入住前服务礼仪

客房服务人员的任务开始于客人抵达之前。服务人员需在客人抵达前提前做好各项准备工作，包括检查仪容仪表、确认服装符合规定、佩戴工号牌等。当客人抵达之前，服务人员应根据前厅提供的"住宿通知单"了解客人的姓名、房号、生活习惯、禁忌、爱好等信息，以便针对性地提供服务。

为确保客人享受优质的住宿体验，客房务必在客人抵达前1小时内完成整理流程，保持清洁、整齐、卫生，并确保设备齐全、生活用品充足。房间整理完成后，服务人员需全面检查房间设备和用品，特别是对待VIP客人的房间，更应仔细检查。针对气候和不同地区的实际需求，服务人员应在客人到达前调整好房间温度，确保空气新鲜。服务人员也需准备好香巾、茶水等，以便客人抵达后立即提供服务。服务人员需要针对客人的不同类型提供差异化服务。对旅游类型的客人，服务人员要根据他们的进出店时间，做好早晚服务工作。对商务型客人，服务人员要备好服务设施，包括通信设备、办公桌、座椅、灯光、文具、传真机等。对蜜月旅游型客人，服务人员应尽可能安排"蜜月房"，并按照客人的要求，将房间布置得美观、温馨。

当客人抵达时，服务人员应在电梯口迎接客人，向客人问好，并主动提出帮助携带行李。在客人同意的前提下，服务人员帮助客人携带手提包或小件物品，并对贵重行李轻拿轻放，切勿倒置。在引导客人进入房间时，服务人员应先开门，礼让客人先进房。服务人员进入房间后，要将客人的行李放置好。

服务人员需在客人入住后提供香巾和茶水，并对客房的主要设备和服务项目进行简单介绍，如空调开关、电视节目、呼叫服务员的方式等。同时，服务人员需要向客人介绍住店须知和酒店情况。在介绍完所有服务内容后，服务人员需询问客人是否还有其他需要，确认无其他需要后，服务人员可向客人道别，并祝其住宿愉快，轻轻将门带上。

（二）客人入住后服务礼仪

1.常规服务礼仪

客房服务人员早上整理房间前应当做好各项准备工作，这其中包括当天撤换的棉纺织品、各种生活及文化用品、清扫工具等。服务人员在进出客房前需要敲门，获取客人的同意后才可以进入。清扫房间应在客人外出时进行，对长期停留在房间内或不外出的客人，需要获得他们的同意后才能进行清扫。在清扫房间时，服务人员应避免观看客房电视、打私人电话，不得随意使用或查看客人的物品。如果客人需要发送电传或邮寄物品，服务人员应主动告诉客人相关的地点和服务时间，并在必要时帮助客人完成代订、代购等。在日常服务过程中，服务人员应避免与客人发生口角。如果遇到个别客人的失礼言行和过分举动，服务人员应保持冷静，有礼有节，不卑不亢，不可采用简单粗暴的方式。

2.清洁服务礼仪

当客人在房间时，服务人员需要礼貌地询问是否可以开始清洁房间。如果得到许可，服务人员才可进行清洁，并在完成后向客人表示歉意。如果客人不同意，服务人员需要在房间清洁报告表上填写房号和时间，待客人离开后再进行清洁。

清洁过程中，服务人员要保证客人的隐私和个人物品的安全。房间电话响起时，服务人员不应接听，不能翻看客人的个人物品，也不能随意移动或处理。如不小心损坏客人的物品，服务人员应立即向主管汇报，并向客人道歉，依照要求进行赔偿。在清洁时，服务人员要注意不弄乱客人的衣物，同时确保空调的温度适宜。服务人员应定期更换客人用过的茶具和水杯，清理烟灰缸和纸篓，以保持客房的整洁。服务人员还需要按照计划清扫楼层环境，保持各处清洁。晚间整理房间，包括换茶具、补充茶叶、清理烟灰缸和纸篓、拉好窗帘、调节好温度、打开床头灯、摆放拖鞋、掀开被角，为客人提供便利。这种对细节的关注，不仅保证了服务质量，也体现了对客人的尊重和关怀。

3. 针对性服务礼仪

在酒店业，针对性服务礼仪是提升客户满意度的关键。服务人员需熟悉客人的个人信息和习惯，能正确地称呼客人的姓氏和职业，同时观察和理解客人的嗜好和忌讳，以更好地满足客人的需求。例如，有的客人喜欢用冰块，有的客人爱喝红茶或绿茶，有的客人只喝咖啡，这都需要服务人员的周到服务。关注客人的身体变化，特别是对年老体弱或身体有恙的客人，服务人员需要提供额外的关心和照顾。

对接待重要客人（VIP）的场合，服务人员应明确分工，以确保接待工作的顺利进行。服务人员需要提前了解客人的相关信息，包括姓名、身份、国籍、抵店时间、特殊爱好等，以提供针对性服务。同时，房间的卫生、设备、用品等需进行全面细致的检查。在客人到来前 10 分钟，房门应打开，服务人员应在楼层迎接，以显示对客人的尊重。如果 VIP 客人有陪同人员，督导应负责联系，征求意见，以便提供更好的服务。对高等级 VIP 房，应放有美观大方的插花和清洗干净的时令水果。当 VIP 客人要求离店时，服务人员应负责送客，并帮助客人叫好电梯。这些针对性的服务礼仪不仅展现了酒店的专业性，也赢得了客人的满意和认可。

（三）客人离店服务礼仪

客人离店时的服务礼仪是客房服务的最后一环，也是展现酒店专业度的重要环节，它不仅影响着客人对酒店的最后印象，更是酒店争取客人再次光临的重要机会。服务人员进入客房后，需询问客人是否需要帮助，协助客人处理行李，并提出征询客人的意见。尤其是对有行李的客人或团体客人，服务人员需要通知行李员帮助客人处理行李。此举旨在尽可能减轻客人的负担，使他们的离店过程变得轻松而顺畅。

在客人准备离店时，服务人员应热情地向客人道别，并向他们表达欢迎再次光临的意愿。一般情况下，服务人员会将客人送至电梯口，对重要客人或身体欠佳的客人，服务人员更应送至前厅，并给予其特别的关心和照顾。在这个过程中，服务人员需要主动征询客人的意见，以便不断提升服务质量。如果发现客人有不满意的地方，服务人员应在客人离店之前尽可能进行补救。

当客人离店后，服务人员需要尽快对房间进行检查，查看是否有遗留物、设备是否有损坏，以及客房用品是否有遗失。如果发现遗留或遗忘物，服务人员应尽可能归还客人，如果客人已经离开，服务人员应按房号、时间、遗留物品名称等信息进行记录，并及时上报。如果发现客房物品缺少或设施有损坏，服务人员需及时与前台联系。一般情况下，服务人员不直接与客人交涉，以免伤害客人的感情和自尊心。

六、商务中心服务礼仪

商务中心是现代酒店，特别是商务型酒店不可缺少的部分，为客人提供诸如传真、复印、打字、打印名片、翻译等一系列服务。商务中心的环境应当安静、舒适，有隔音设施，并且装饰优雅，以方便客人进行工作和接待。服务人员应注意个人仪表，保持工作热情，微笑并注视客人，且需双手递送文件。在忙碌的时候，服务人员也要保持有条理，不可慌乱。

针对具体的服务，如传真服务，服务人员应微笑起立，停下手中的工作接待客人，确认客人的姓名和房间号，事先说明传真起算时间和收费标准，并请客人填写传真内容，仔细检查后复述给客人，获得认可后才能发送。发送完成后，服务人员要将相关信息写在账单和传真登记表上，并请客人签字。如果客人不在，服务人员应将传真原稿和传真报告单放入信封，写明相关信息。

对打印和复印服务，服务人员同样应微笑起立，主动问候客人，询问客人的打印要求和特殊格式，并报价和说明完成时间。打印或复印完成后，服务人员应核对内容，若需要修改部分内容，应按要求进行，并请客人确认。服务人员要询问客人是否需要保存文件，如需保存，确认保存期限，如不需要，则删除文件。服务人员将打印或复印稿件双手递给客人，并请客人签字，再次说明收费标准。最后，服务人员要将账单交至前台收银处，尽早入账。

第四节　旅游餐饮接待与服务礼仪

旅游饭店餐厅服务工作有其独特的特点。服务员需要直接为客人提供面对面的服务，因此常面临广泛的客户群体、大量的订单、长时间的服务工作等需求。餐厅服务工作一般包含餐前准备、迎宾领位、值台等环节，这些环节必须紧密衔接，任何一个环节出现脱节都可能导致失误，因此协作和及时沟通尤为重要。

一、中餐服务礼仪

（一）餐前准备服务礼仪

在餐前准备阶段，服务礼仪对每一位服务员来说都至关重要。服务员必须保持个人卫生，包括整洁的工作制服、清洁的头发以及大方的发型。女服务员应选择淡妆，避免戴过多的饰物。在客人到来之前，服务员需要整理好自己的仪容仪表，确认无不妥之处后才能上岗。这不仅展现了餐厅对客人的尊重，也体现了服务员对自己职业的敬业和热爱。

服务员在工作时，应避免嚼口香糖，以免影响与客人的交流。在食品服务区，服务员不应梳理头发或修剪指甲，以防污染食品。面对食品时，服务员不能咳嗽或打喷嚏，这是基本的卫生要求，也是对客人的尊重。同样，服务员不能在洗碗池里洗手，以防交叉污染。到岗后，服务员的第一件事应是对餐厅的地面、桌椅、餐具和桌饰等进行细致的清洁和整理。整洁的环境不仅能让客人有更好的就餐体验，也能展现餐厅的专业和对质量的追求。

（二）迎宾领位服务礼仪

迎宾领位服务礼仪是服务员对客人的第一次服务，在一定程度上影响着客人的整个就餐体验。

服务员应在餐厅大门两侧恭候，准备迎接客人。当客人走向餐厅并接近大门约 1.5 米处时，服务员应面带微笑，拉开门，并热情地问候客人。如果男女客人一起进入餐厅，服务员应优先问候女士，然后问候男士。对年老体弱的客人，服务员应主动上前搀扶并小心照料。在雨天，服务员应主动为客人收放雨具。如果客人已经预订了餐位，服务员应迅速查阅预订单或预订记录，然后引领客人到他们预订的餐桌。如果客人没有预订，服务员应根据客人的人数、喜好、年龄和身份等因素选择适当的座位。如果客人有特定的位置需求，服务员应尽量满足。服务员在选定餐桌和引领客人入座时，应以"请这边来"等礼貌语言引导客人。如果需要增加餐具或椅子，服务员应在客人入座之前尽快布置好。服务员应迅速判断客人的情况并安排合适的餐位。

（三）值台服务礼仪

（1）提供服务。服务员在客人坐定后，应递上毛巾和茶水。提供这些服务时服务员要从主宾开始按顺时针进行，送茶时切忌手指接触杯口，动作要轻缓。

（2）呈递菜单。服务员应将菜单从客人的左边递上，对夫妇，先递给女士；如果是团体，先递给主宾。在递送菜单时，服务员要确保菜单干净无污渍，态度要谦恭。

（3）接受点菜。服务员应耐心等待客人点菜，不可催促。在记录点菜内容时，服务员应站在客人一侧，注意站立位置，精神集中地聆听。如果客人有特殊要求，服务员应尽可能满足。

（4）适当斟酒。酒类应在客人面前打开，并且按照正确的顺序斟酒。斟酒时要注意，瓶口不可触碰杯口，也不要拿得太高。

（5）上菜及分菜。餐厅服务员要掌握好上菜的时机和顺序，并根据客人的进餐速度灵活调整。每道菜上桌后都要报菜名，并简单介绍其特色。

（6）保持职业形象。服务员要保持专业的职业形象，不可以依靠墙壁或桌子，不能在餐厅内部闲聊，不可以搔头摸耳。

（7）对客人的关注和帮助。服务员需要随时观察餐厅内的客人，看他们是否需要帮助，如起身或者张望等行为通常是在寻求帮助。

（8）维护客人的体验。如果酒水溅在客人身上，服务员应及时递送毛巾或餐巾协助擦拭。如果有人来电话找客人，服务员需要轻声告知，以免打扰其他客人。

二、西餐服务礼仪

西餐服务礼仪是西餐服务的重要组成部分，其可以确保服务员为客人提供专业、友好和有礼的服务。

（一）餐前准备服务礼仪

服务员需要确保餐桌的摆设符合餐厅的正餐要求，包括刀、叉、勺、餐盘、咖啡杯、酒杯等。餐厅的经理或主管也需要在开餐前半小时召开餐前短会，通知员工任务分工和当日的客人情况，介绍特色菜肴，并确保员工的仪容仪表整洁，同时强调 VIP 客人的接待注意事项。

（二）开餐服务礼仪

服务员需要用敬语热情地欢迎客人，然后按照一定的顺序为客人引座、铺口布和斟水。服务员还需要递送菜单并介绍当天的特色菜肴，以及记录和下单客人的菜品选择。在为客人斟酒时，服务员应先为主人斟少量的酒，待主人品尝并认可后，再为其他客人斟酒。

（三）就餐服务礼仪

服务员需要在上菜前先斟酒，然后按照特定的顺序送上菜品。在客人吃完后，服务员需要按照规定的方式撤盘，然后将主菜送上。在甜点上桌前，服务员需要清理桌面并更换烟灰缸，同时布置好餐桌。

（四）餐后服务礼仪

服务员应根据客人的需求提供个性化服务。如果客人提出结账请求，服务员可以提供传统的账单服务或指引客人使用数字化支付方式。对需要额外帮助的客人，服务员应主动提供协助，如帮助老年客人或有小孩的家庭。在客人离开时，服务员需要及时拉开餐椅，递送衣帽并礼貌地送别客人。

三、自助餐服务礼仪

自助餐也称冷餐会，是目前国际上通行的一种非正式的宴会，是由就餐者自行选择食物、饮料，然后或立或坐，自由选择与他人一起或独自用餐的一种就餐方式。

（一）餐前准备服务礼仪

自助餐的餐前准备服务礼仪涵盖了许多要素，从个人卫生到场地的准备，再到对菜品的了解，都是保证顾客有一个愉快就餐体验的关键。服务员要注意个人卫生，洗手并保持仪容仪表整洁，以展现专业和尊重。服务员要检查餐具、电器设备和其他物品是否备齐，避免在服务过程中出现疏忽。接下来，服务员需要保持餐厅卫生，包括自助餐台和吧台等地方，随时注意有无客人进入餐厅。为了确保客人能够顺利地获得他们想要的食物，服务员需要准备好自助餐厅的摆台用具和食品夹，并确保它们没有水渍。服务员还需要备好餐中所需的水果、饮料、食品、易耗品以及调料等，以便能及时满足客人的需求。与此同时，服务员应对餐厅提供的菜肴的相关知识和做法熟稔于心，以便在客人询问时能提供准确的信息。了解客人的预订情况也是服务员的职责之一，他们需要从迎宾处获取当餐或下一班的客人预订情况，适当备餐。在完成所有的餐前工作准备后，服务员需要在规定的时间内用餐完毕，然后召开班前会议并分配工作。这些都是自助餐的餐前准备服务礼仪的一部分，是保证客人享受高质量服务的基础。

（二）餐中服务礼仪

餐中服务的核心在于确保客人就餐过程的流畅和舒适。当客人进入餐厅时，服务员需询问客人的人数，根据人数适当调整餐具和餐位，并为客人拉椅让座，这都是初步的欢迎和接待工作。一旦客人落座，迎宾员需要向服务员传达客人的人数，以便服务员更好地提供服务。当客人离座取食物时，服务员要提醒客人带走贵重物品，如有需要，服务员应主动提出帮助客人看管物品。

在客人就餐过程中，服务员要及时为客人撤换用过的餐盘，以保持桌面清洁。同时，服务员要及时为客人补充纸巾和牙签，添加酒水和饮料，并根据客人的需要帮助客人取食。在客人用完热菜，需要甜品或水果时，服务员需撤去不需要的餐具，并为客人准备好茶水及账单。服务员也要保持自助餐台和食品夹的清洁，及时补充食品，以确保客人有充足的选择。在餐中服务中，吧台员工的任务是保证饮料和水果的供应，随时准备帮助其他服务员。

当客人要求结账时，服务员需按照规定程序进行，同时感谢客人的光临，并提醒他们带走随身物品。

（三）餐后服务礼仪

自助餐的餐后服务是整个就餐体验的收尾部分，它的质量直接影响客户对餐厅的整体印象。餐后服务开始于客人用餐结束之际，此时服务员应整理餐桌、收拾餐椅，并检查是否有客人遗留的物品，确保不会有贵重物品遗失。一旦发现有遗失物品，服务员应立即将其交给当班领班或大堂值班经理，确保物品能尽快归还客人。

对火锅而言，其安全问题需要格外注意。如果火锅是以酒精助燃，服务员需确保熄灭所有明火；若是电火锅，则需切断电源，确保安全。收餐工作是餐后服务的重要环节，服务员应按顺序进行，先检查台面，整理餐椅并归位，整理花瓶和台号卡，随后收拾杯具、易耗品，最后收拾不锈钢的餐具以及使用过的瓷器餐具等。这一流程旨在保持餐厅的整洁，为下一轮客人提供舒适的用餐环境。清洁是餐后服务的核心任务之一，服务员需清洁工作台和食品台，并根据餐厅规定准备好下一轮的餐食。

在所有客人离开后，服务员需切断主照明灯，关闭空调，以节约能源。同时，地板的清洁工作不可忽视，必须保持地板的干净整洁。最后，服务员需检查各项工作是否已经完成，电源是否已经切断，并与下一班的工作人员进行工作交接。这是餐后服务的最后一环，旨在确保餐厅运营的连续性，为下一班的服务工作做好准备。

四、送餐服务礼仪

（一）送餐前服务礼仪

送餐服务礼仪中的餐前服务礼仪涉及预订的接收、点菜的记录以及确认等环节。首先，订餐员需要在电话铃响三声之内接听客人的电话，这体现了对客人时间的尊重。订餐员接听时的问候语也要体现出专业性和热情，这样可以让客人感到被重视。同时，订餐员接听电话时要保持友好而专业的语言风格，包括语气温和、音色优美、用词准确，给客人留下良好的印象。

其次，订餐员要记录客人的订餐要求，包括预订的菜点，饮料的名称、数量，以及送餐时间、房号等。在记录的同时，订餐员需要将客人的需求复述一遍，这是为了确认订单的准确性，避免因为听错或者理解错误而带来的问题。如果客人有特殊的需求，如某种食物的过敏问题或者对食物口味的特殊偏好等，订餐员也要在订餐单上明确注明。

再次，订餐员需要登记电话预订，开具订单，并在订单上标注接受预订的时间，以便后续的餐食准备和送餐安排。完成预订工作后，订餐员要向客人表示感谢，这是对客人的尊重，也能增加客人对餐厅的好感。

最后，订餐员需要根据客户的订单细心制作取菜单，同时准备各类适配的餐具和布件，以确保每一道菜肴都有合适的餐具供客人使用，为客人提供优质的就餐体验。餐车上应按订单要求备妥餐具及调味品。调味品包括从基础的盐和胡椒粉到特色的酱油或沙拉酱等，以满足客人的个性化需求。餐具的种类也应齐全，包括从吃饭用的碗筷或者刀叉到盘子、酒杯、咖啡杯等。服务员需要认真核对订单上的菜点、酒水与实际是否相符，同时检查餐具、布件及调味品是否洁净、无污渍、无破损。这一步旨在保障客人的饮食安全，并提供良好的就餐环境。送餐时间的把握同样重要，要保证在客人指定的时间内送达餐点。这不仅是对客人时间的尊重，也是对食物口感和质量的保证。

（二）送餐服务礼仪

在餐饮服务中，客房送餐服务的流程和礼仪是体现餐厅专业性和细致入微的服务的重要环节。服务员和管事人员需要共同参与送餐服务，并且应使用饭店规定的专用电梯，确保服务的专业性和效率。在服务过程中，服务员要核对客人的房号和预定的时间，避免出现任何误差。敲门时需声音温和，用标准的服务语言，在得到客人的允许后，才可以进入房间，尊重客人的私人空间。在房间内，要以客人的姓氏进行礼貌的问候，然后把餐车或餐盘放在合适的位置，并征求客人对此的意见。摆放餐具和其他物品时要按照规定进行，保持整齐划一。当客人就座时，服务员应为客人拉椅，体现细心周到的服务。如果客人需要现场服务，如倒酒水等，服务员需要做好及时服务。客人用餐完毕后，服务员要请求客人在账单上签字，确认服务内容和金额，这是对客人权益的保护。

送餐服务结束后，服务员需要核对客人的签名和房号，确保一切信息无误。服务员应询问客人是否还有其他需求，如果没有，就可以礼貌地向客人道别。离开客房时，服务员应该面朝客人退步转身，展示尊重，并轻轻地关上房门，保持客房的安静。

整个送餐过程中，服务员礼仪的规范、服务的周到和细心的观察力能为客人留下良好的印象，从而提升餐厅的形象和服务质量。

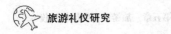

（三）送餐后服务礼仪

送餐后的服务流程及礼仪同样重要，其既确保了服务的连续性，也是对客人负责任的表现。其中包含诸多细节，如记录信息、账单处理、客人反馈的收集、餐具的清洁和准备下一次服务的工作等。完成送餐服务后，服务员需要在送餐单上注销预订，记明离房时间，确保所有的记录准确无误。同时，服务员将客人已签字的账单交给收银员进行结算处理，以保障餐厅的利益。

为了了解客人的用餐情况和对餐点的满意度，服务员会在早餐半小时后、晚餐一小时后打电话征询客人的意见。这一环节不仅能获取对服务质量的反馈，也是对客人的尊重和关心的表现。带回的餐具需送至洗碗间进行清洗，保持餐具的卫生。服务员需要清洗工作车，并更换使用过的布草，以确保每次服务都在最佳的状态下进行。最后，服务员要领取新的餐具和物品，做好下一轮服务的准备。

第五节　旅游交通从业人员接待与服务礼仪

旅游交通从业人员在旅游业中扮演着重要角色，他们的服务质量直接影响着旅游者的体验和目的地的形象。其主要的接待和服务礼仪主要包括以下几个方面。

一、行车安全方面的礼仪

（一）乘客辅助

乘客辅助是旅游交通从业人员的基本职责之一。在乘客上下车时，他们需要提供必要的辅助，防止乘客跌倒或发生其他的意外。在这个过程中，他们需要具备良好的观察能力、快速的反应能力，以及热情和耐心的服务态度。他们需要细心观察乘客的行动，预见可能的危险，如乘客脚步不稳，或者携带了大量的行李，并及时提供帮助，如扶手、引导等。同时，他们需要对乘客的需求和反馈做出快速、准确的响应。例如，乘客可能需要搬运行李，或者需要更多的时间上下车。这些都需要旅游交通从业人员敏锐察觉，并且提供适时的帮助。

（二）安全设备的使用

旅游交通从业人员还需要确保乘客在行驶过程中正确使用安全设备，如安全带。这一点需要他们具备专业的安全知识和技能，以及清晰、流畅的沟通能力。他们需要向乘客演示如何正确使用安全带，以及在何种情况下需要使用安全带。同时，他们需要知道如何使用车载的急救设备，如急救箱、灭火器等，以便在紧急情况下提供及时的救援。他们还需要定期检查安全设备的状态，确保其在需要时能够正常使用。

（三）紧急情况的处理

旅游交通从业人员在面临突发事件时，如车辆故障、交通事故或乘客突发疾病等，应能够迅速、冷静并有效地应对。在这些情况下，他们的反应速度和处理能力直接影响乘客的安全和健康。他们需要具备基本的应急处理知识和技能，包括了解和识别各种紧急情况，如车辆故障的迹象、交通事故的处理程序、常见疾病的初步救治等。他们还需要有良好的决策能力和危机管理能力，能够在压力下做出正确的决策，如安抚乘客、联系救援人员、协助救援等。

（四）定期安全培训

旅游交通从业人员需要定期参加由专业机构开展的安全培训，以更新他们的安全知识，提高他们处理各种安全问题的能力。这些培训主要

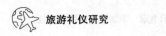

包括交通法规、车辆维护、应急处理、急救技能等内容。通过定期的安全培训，旅游交通从业人员可以提高专业素质，提升服务质量，从而更好地保障乘客的安全。

二、时间管理方面的礼仪

（一）精确的行程规划

在旅游交通服务中，精确的行程规划是重要环节。旅游交通从业人员需要根据路程长度、交通状况、车辆速度等因素，准确地预估从一个地点到另一个地点所需的时间。这要求他们具备良好的判断能力和丰富的驾驶经验。此外，他们还需要考虑交通堵塞、道路施工、天气变化等因素，以便在规划行程时做出适当的调整。

（二）良好的应变能力

在旅游交通服务中，良好的应变能力是旅游交通从业人员必备的素质之一。例如，交通堵塞或天气变化等突发情况可能导致原计划的行程发生变化。在这种情况下，旅游交通从业人员需要迅速评估情况，做出最佳决策。例如，他们可能需要改变原计划的路线，选择交通状况较好的路线，或者调整行程，推迟或提前某些活动的时间。这需要他们具备良好的决策能力和问题解决能力。

旅游交通从业人员还需要能够有效地与旅游者沟通，及时告知他们行程的变化，解释原因，提供解决方案。这不仅可以减少旅游者的不安和困扰，也可以增强旅游者对旅游交通从业人员的信任。

（三）有效的沟通能力

旅游交通从业人员需要用清晰、礼貌的语言向旅游者解释行程的详细信息，包括出发时间、预计到达时间及可能遇到的问题。他们也需要解释行程变化的原因，如交通堵塞、天气变化等，以便旅游者能够理解并接受行程的变化。一般情况下，旅游交通从业人员应根据旅游者的需求和情况，提供最合适的解决方案，如调整行程、改变路线、推迟或提前某些活动的时间等。这样，旅游者可以更好地应对行程的变化，提升旅游体验。同时，旅游交通从业人员需要展现良好的服务态度，尊重旅游者的需求和意愿，耐心听取旅游者的问题和建议，并及时回应旅游者的反馈。这样，旅游者会感到被尊重和被关心，从而增强对旅游交通从业人员的信任，提高他们的满意度。

三、地理位置方面的礼仪

旅游交通从业人员需要了解他们服务的地区的地理情况，知道如何最快、最安全地到达各个旅游目的地，以及在该地区有哪些值得推荐的旅游景点。

（一）规划最佳路线

规划最佳路线是旅游交通从业人员对待旅游者的礼仪之一。他们需要深入了解服务地区的地理情况，包括道路网络、交通状况等，以便规划最快、最安全的旅游路线。例如，如果主要道路发生交通堵塞，他们可以选择次要道路或乡村道路作为备用路线，以免延误旅游行程。对交通状况的了解，包括了解各个时间段的交通流量、道路施工情况、交通事故发生频率等。例如，如果某个时间段某条道路的交通流量特别大，他们可以选择避开这个时间段，或者选择其他交通流量较小的道路。

通过精确地规划路线，旅游交通从业人员可以确保旅游者能够准时、安全地到达目的地。这不仅能够提高自身的服务效率，也能够增强旅游者的信任度和满意度。例如，如果旅游者预计在上午 10 点到达某个旅游景点，但因为旅游交通从业人员精确的路线规划，他们提前到达了，这

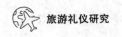

会给旅游者留下深刻的印象，提高他们的满意度。

（二）推荐旅游景点

推荐旅游景点是旅游交通从业人员对待旅游者的服务礼仪之一。他们需要了解所服务地区的旅游景点，包括景点的位置、特色、开放时间等，以便向旅游者提供准确的信息和建议。这要求其必须了解景点的位置，为旅游者规划最佳的行驶路线，以便旅游者能够在最短的时间内到达目的地。例如，如果旅游者想要参观某个城市的历史博物馆，旅游交通从业人员需要知道博物馆的具体位置，以便规划最佳的行驶路线。

另外，了解景点的特色和其开放时间可以帮助旅游交通从业人员向旅游者提供有价值的建议，增强旅游者的旅游体验。例如，如果某个自然公园在春季的早晨特别美丽，旅游交通从业人员可以建议旅游者在这个时间段访问；如果某个博物馆在周末关闭，他们可以提醒旅游者提前安排行程。通过提供准确的旅游景点信息和建议，旅游交通从业人员可以帮助旅游者更好地规划他们的旅游行程，提高他们的旅游体验。这不仅能够增强旅游者的满意度，也能够提升旅游交通从业人员的专业形象。

四、沟通方面的礼仪

（一）准确传达信息

旅游交通从业人员需要清楚、准确地传达各种信息，包括行程的安排、旅游景点的信息、可能遇到的问题等。例如，对行程的安排，旅游交通从业人员需要告知旅游者出发和到达的具体时间、行驶的路线等。这些信息需要准确无误，以便旅游者能够做出相应的准备。对旅游景点的信息，旅游交通从业人员需要提供景点的位置、特色、开放时间等信息。这些信息需要详细、全面，以便旅游者结合实际做出决定。对可能遇到的问题，旅游交通从业人员需要提前告知旅游者，必要时还需要提供解决方案，以便旅游者能够及时做出反应。

（二）耐心听取意见

有效地听取和理解旅游者的需求和反馈是指旅游交通从业人员要耐心地听取旅游者的问题和建议，并尽可能满足旅游者的需求。例如，如果旅游者对行程有特殊的需求，如需要在某个景点停留更长的时间，或者想要参观一些未在行程中的景点，旅游交通从业人员需要理解并尽可能满足这些需求。旅游交通从业人员可以调整行程，或者提供其他可能的解决方案，如推荐其他可以满足旅游者需求的景点。如果旅游者对服务有不满意的地方，旅游交通从业人员需要认真听取，理解旅游者的不满意之处，并尽可能提供改进的方案。

（三）提供优质服务

友好、热情的服务态度要求旅游交通从业人员对旅游者展示出尊重和关心，以优质的服务提高旅游者的满意度。例如，旅游交通从业人员在接待旅游者时，应始终保持微笑，用友好、热情的语言和态度与旅游者交流。他们需要对旅游者的问题和需求给予足够的关注，及时回应旅游者的反馈，尽可能满足旅游者的需求。

第六节　旅游购物商场人员接待与服务礼仪

一、购物商场销售商品的接待礼仪

购物商场销售商品的接待礼仪如图 5-2 所示。

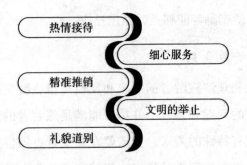

图 5-2 购物商场销售商品的接待礼仪

（一）热情接待

销售人员的接待方式直接影响客户的第一印象。他们需要以友好的态度、微笑的表情迎接每一位客人，用亲切、诚恳的语言问候每一位客人。例如，当客人进入商场时，销售人员可以主动走上前去，微笑着问候："您好，欢迎光临！有什么可以帮助您的吗？"这样的接待方式能让客人感到被尊重。

（二）细心服务

销售人员需要为客人提供周到的服务，耐心解答客人的疑问，帮助客人选择商品。例如，当客人在挑选商品时，销售人员可以主动提供帮助，介绍商品的特点，解答客人的问题。即使在业务繁忙时，销售人员也不能冷落任何一位客人。他们需要有"接一待二照顾三"的能力，对正在接待的客人要耐心细致，对其他等候的客人也要给予关注。

（三）精准推销

销售人员需要了解客人的购物心理和需求，以便更准确地推销商品。例如，销售人员可以通过与客人的交流，了解客人的喜好和需求，然后根据这些信息，向客人推荐最适合他们的商品。如果销售人员能够准确地把握客人的需求，他们的推销就更容易成功。

（四）文明的举止

在服务过程中，销售人员需要保持文明的举止。他们的行为动作，包括站立、走动、拿取物品等，都需要文明规范。例如，他们需要轻拿轻放商品，不能随意扔给客人或摔在柜台上。他们还需要注意自己的言谈举止，避免做出让客人感到不舒服的行为。

（五）礼貌道别

当客人离开时，销售人员应该礼貌地向客人道别，表示欢迎其再次光临。例如，销售人员可以说："谢谢您的光临，期待您的再次到来！"这样的道别不仅表达了对客人的尊重，也表达了对客人的欢迎和期待。

二、商品售后的服务礼仪

（一）售后服务

优质的售后服务是提高消费者满意度的重要因素，而在服务领域中，尤其是零售业，售后服务更是决定消费者是否再次购买和推荐的重要因素。面对商品质量问题，销售人员需要尽快联系制造商并寻求解决方案。在这个过程中，销售人员需要保持与客户的紧密沟通，向他们解释问题的原因及采取的解决措施，让他们了解进展并感到被尊重。销售人员也需要具备产品知识，以便为客户提供适当的建议和解决方案。通过优质的售后服务，商场可以赢得客户的信任，这对于提高商场的销售水平和声誉至关重要。

（二）退换货服务

对待需要退换货的客户，销售人员应礼貌、耐心并积极对待。他们需要理解每个客户的退换货理由，评估退换货的合理性，并尽可能满足客户的需求。在这个过程中，商场的退换货政策应公平且易于理解，销售人员也应准确地向客户解释这些政策。销售人员需要有足够的培训，以处理各种可能的退换货情况，并确保客户在整个过程中感到满意。这种专业且亲切的退换货服务不仅能让客户感到被尊重，也能提高商场的声誉。

（三）代办邮寄、托运服务

代办邮寄、托运服务能够为客户提供更多的便利。对购买了高价值商品或大型商品，或者居住在远离商场的地方的客户，这种服务能够大大提高他们的购物体验。在提供这种服务时，销售人员需要负责管理所有的寄送细节，包括填写地址、选择合适的邮寄方式，以及保证商品的包装安全。他们需要有足够的专业知识，以便向客户提供正确的邮寄建议，并有效地处理可能出现的问题。通过提供优质的代办邮寄、托运服务，商场可以更好地满足客户的需求，扩大销售范围，并提高客户的满意度。

（四）预购服务

预购服务是商场在商品断货或缺货情况下，为客户提供的一项重要服务。销售人员需要帮助客户记录预购信息，并保证在商品到货后及时通知客户。这不仅需要销售人员有良好的组织和沟通能力，也需要商场有有效的库存管理和商品跟踪系统。预购服务让客户感到被尊重，如此，不仅可以保证商场的销售额，还可以提高客户的满意度和忠诚度。

第七节 旅游休闲娱乐场所服务礼仪

一、合理的环境布置

休闲娱乐场所作为旅游行业的重要组成部分，其礼仪规范和服务质量直接影响游客的体验和满意度。环境布置在这一方面尤为关键。从环境心理学角度看，空间环境等对人们的情感和行为有显著影响。整洁、舒适的环境能够激发人们的积极情感，如愉悦、安心等，进而提升其对娱乐活动的参与度和满意度。

从服务营销学角度出发，环境布置也是休闲娱乐场所提供的一种无形服务，其质量直接影响游客的选择和忠诚度。因此，休闲娱乐场所需要注重细节，如色彩搭配、装饰风格、音响效果等，以满足不同游客的审美和文化需求。从社会文化角度看，环境布置也是休闲娱乐场所传达其品牌文化的重要手段。通过有针对性的环境布置，休闲娱乐场所不仅能够为游客提供独特的体验，还能够传播一种积极、健康、文明的娱乐理念。

二、良好的仪容仪表

在休闲娱乐场所，员工的仪容仪表是构成游客体验的关键元素之一。这不仅是一种表面现象，更是一种文化和心理的体现，与场所的整体形象、服务质量及游客满意度密切相关。

从心理学角度看，人们通常在与陌生人初次互动时，会在很短的时间内对对方进行快速的评价和判断。在这一点上，员工的仪容仪表起着

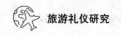

至关重要的作用。整洁的仪容仪表不仅能够给游客留下良好的第一印象，还能够在心理层面上帮助游客建立对娱乐场所的信任。

三、高度的专业性

服务人员的专业性是休闲娱乐场所接待礼仪的核心要素之一。这种专业性不仅体现在技术层面，如理解各种设施和产品的性质及其适用范围等，更体现在能力层面，如解决问题的能力、沟通协调的能力以及对游客需求的洞察力。

除了基础的业务培训，服务人员专业性的培养还应包括各种软技能的培训，如文化敏感性、情商以及团队合作等。同时，管理层应建立完善的绩效评估和激励机制，以促进服务人员不断提升自身的专业水平和服务质量。可以说，高度的专业性往往能提升服务人员的自信，从而更容易赢得游客的信任。

四、顺畅的服务流程

在休闲娱乐场所的运营管理中，服务流程的优化不仅关乎场所的经济效益，更直接影响游客的体验和满意度。从运营管理学角度看，服务流程优化是一种重要手段，旨在通过改善各个环节的协调性和连贯性，实现整体服务质量的提升。在这一过程中，各项服务活动需要按照预先设计的流程进行，以减少不必要的延误，提高服务效率。

人们在等待服务的过程中容易产生焦虑情绪，尤其是在休闲娱乐场所这种注重个人体验的环境中。因此，通过流程优化减少游客等待时间，不仅能够降低其心理负担，还能够提高其对娱乐场所的整体满意度。另外，顺畅的服务流程也是休闲娱乐场所承担社会责任的体现。一方面，顺畅的服务流程能够减少资源的浪费，从而实现可持续运营；另一方面，顺畅的服务流程能够在一定程度上提升休闲娱乐场所在社会文化层面的影响力。

五、明确的活动引导

娱乐活动在休闲娱乐场所中占有核心地位，其执行方式和质量直接影响游客的满意度和整体体验。从体验设计的角度看，活动的安排与引导不仅需要满足游客的基础需求，还需在更深层次上触动游客的情感和认知，从而实现一种全面而持久的积极体验。因此，在活动的安排上，除了需要考虑游客的基础需求和兴趣，还应充分利用心理学、社会学和文化学等多学科的研究成果，以更精准地满足游客在认知、情感和社交等多个层面的需求。

从行为科学的角度看，明确的活动引导不仅有助于减少游客的决策困扰，还能够有效引导其参与，从而提高活动的整体参与度和活跃度。在这里，活动引导的设计需要遵循一定的心理学原理，如信息的简洁性、清晰性和可操作性等，以便游客能够快速理解和执行。

可见，娱乐活动的安排与引导是一种综合性的工作，涉及多个学科和领域的交叉。明确的活动引导，不仅可以提高游客的满意度和忠诚度，还能够在更广泛的社会文化层面提升休闲娱乐场所的品牌价值和影响力。

六、全面的安全保障

在旅游休闲娱乐场所，提供全方位的安全保障不仅是基础服务要求，也是基础礼仪的重要组成部分。服务人员要全面了解安全协议和操作规范，具备将这些知识应用于实际操作的能力。其中涉及多个层面的综合考虑，包括但不限于人身安全、设备安全、环境安全以及信息安全。

安全保障的实施通常需结合实际场景和游客需求进行个性化定制。这不仅包括传统的物理安全措施，如设置防护栏、安装监控摄像头等，也包括数字化手段，如使用先进的人脸识别技术进行身份验证，以及运用大数据和人工智能进行安全风险预测和应急响应，等等。在这一过程中，专业的救援人员和先进的安全设备起着重要作用。一方面，救援人员要具备高度的专业素养和应对各种紧急情况的能力；另一方面，安全设备应保持最新状态，以适应不断变化的安全需求和技术发展。

除了硬件和人员配置，提供有效的安全提示也是安全保障体系中不可忽视的一环。这些提示应以文字、图像、声音等形式出现，并覆盖场所的各个角落，以便游客随时获取和了解相关信息。更为关键的是，这些提示要简洁明了，易于理解，以确保信息能够迅速和准确地传达给游客。这不仅有助于提高游客的安全意识，也能在一定程度上减少因操作失误或行为不当而导致的安全事故。

从更广泛的视角看，提供全面的安全保障是建立在深刻的社会责任和人文关怀基础上的。服务人员不仅需要具备专业的安全知识和操作技能，还需要具有高度的道德修养和人文素养，如此才能在满足游客基本安全需求的同时，进一步提升其对旅游休闲娱乐活动的满意度。

七、严密的隐私保护

在旅游娱乐服务领域，尊重游客隐私不仅涉及服务人员的职业道德和法律责任，更是稳定其与客户关系的关键因素。隐私保护在当前数字化环境下尤为重要，因其不仅涵盖传统的个人身份信息、财务状况等，还延伸至在线行为、消费习惯等多个维度。因此，服务人员在处理游客信息和提供个性化服务时，必须严格遵守相关隐私保护规定和礼仪准则，以确保游客信息的安全和隐私权益的完整。

在信息收集和使用阶段，服务人员需明确告知游客信息将被如何使用，以及是否会与第三方共享。这一过程通常需通过明确的隐私政策和用户协议进行，以获取游客的明确同意。对涉及敏感个人信息的服务，服务人员应为游客提供强制性的双重身份验证、加密存储等服务，以降低数据泄露的风险。

在服务过程中，避免在不适当的场合和时间询问或泄露游客的私人信息是另一项重要的礼仪要求。这不仅需要服务人员具有高度的职业敏感性和人文关怀，也需要其掌握一定的心理学和社会学知识，以准确判断何为"不适当的场合和时间"。例如，在一个公共或半公共的环境中询问游客的健康状况或家庭问题通常被视为不恰当行为。

第六章　旅游业商务礼仪

商务礼仪是人们在商务活动中用以维护企业形象或个人形象，对交往对象表示尊重和友好的行为规范。

第一节　旅游洽谈会礼仪

旅游洽谈会又称为集会或聚会，是目前商务活动中最为常见的一种商务行为。在现代社会，它是从事各类有组织的旅游活动及合作的一种重要方式。通过旅游洽谈会，各地的旅游部门、旅游公司可以展示和推广自己的旅游资源和产品，深入了解对方旅游公司的需求和优势，进而建立良好的投资合作。对主办地而言，成功举办旅游洽谈会，可以提升该地的形象，吸引更多的旅游者和投资者。旅游洽谈会通常由旅游机构、政府部门或相关行业协会组织。在这样的活动中，礼仪是非常重要的，它不仅能展示组织的专业性和形象，还能促进各方的交流和合作。

一、旅游洽谈会的礼仪流程

（一）会议准备阶段礼仪

（1）了解洽谈原则。在准备旅游洽谈会之前，了解和明确洽谈原则是非常重要的。这主要包括尊重、诚信、公平交易、互利共赢等原则。有了明确的洽谈原则，在接下来的讨论中，各方能保持高效、顺畅的沟通，避免发生不必要的冲突和误解。例如，如果大家都尊重对方的立场和观点，那么在洽谈过程中，即使有分歧，各方也能通过平等对话和讨论找到解决方案。

（2）确定洽谈目标。明确的洽谈目标可以使参会者有明确的方向，更有效率地开展讨论。例如，旅游洽谈会的目标可能是推广一个新的旅游产品、寻找合作伙伴、吸引投资等。具体的目标会根据会议的主题和参与者的需求来确定。

（3）选择洽谈人员。旅游洽谈会的成功往往取决于参与者的专业水平和沟通技巧。因此，选择合适的洽谈人员是非常重要的。洽谈人员应具有足够的专业知识，能准确、清晰地表达自己的观点，同时应具有良好的听力理解能力，能理解和尊重对方的观点。洽谈人员还应具备良好的人际交往能力，因为这将直接影响洽谈的氛围和效果。

（4）收集相关资料。在旅游洽谈会开始前，收集相关资料是必不可少的。这包括了解对方的基本情况（业务范围、发展历程、核心竞争力等），收集与会议主题相关的行业信息、市场数据等。充足的资料可以帮助参会者更深入、全面地了解洽谈的主题，从而提出更有价值的观点和建议。

（5）妥善安排细节。在准备旅游洽谈会时，对细节的妥善安排也十分重要。这包括会场的选择和布置、设备的准备、座位的安排、餐饮的提供等。妥善的细节安排可以显示主办方的专业性，有利于洽谈的顺利进行。例如，如果会场的布置周到，既美观又实用，参会者可能对此留下深刻的印象，从而对主办方更加认可。

（二）仪表礼仪

仪表礼仪是一个全面的概念，包括着装、言谈举止等各个方面。在旅游洽谈会中，良好的仪表礼仪不仅能留下良好的第一印象，还能显示参与者的专业性，从而增强说服力。

（1）装扮与年龄相适宜。这意味着个人的着装应与其年龄相符。例如，年轻的专业人士可能选择穿着更为时尚、潮流的商务装，年长的专业人士则可能选择更为传统、保守的装扮。事实上，不论年龄大小，着装都应保持整洁且得体。

（2）装扮与体形相适宜，即选择能够衬托或者修饰自己身材的衣物。

体形偏瘦的人可以选择修身的款式，使身材看起来更加匀称，体形偏圆润的人则可以选择较为宽松或者垂直线条的衣物，以达到修饰身材的效果。

（3）装扮与职业相适宜。如果是一名律师或者金融顾问，需要穿着更为正式的西装，因为这种着装更能代表你的专业性；如果是一名创意人士，如设计师或者艺术家，可以选择更具个性的着装，以展现你的个性。

（4）装扮与所处场合相适宜。对旅游洽谈会这样的正式场合，参与者通常需要穿着商务正装。男士通常需要穿着深色的西装、白色的衬衫和领带，女士则可以选择套装或者连衣裙。这种正式的着装能显示出参与者对这次会议的尊重。

（5）注意配饰的使用。在旅游洽谈会中，配饰的使用也是非常重要的。首先，配饰不应过多或过于夸张，以免分散人们对言论的注意力。其次，配饰应与整体着装协调，尽量选择简洁大方的饰品，如领带夹、袖扣等。最后，配饰也应体现出个人品位，因为这可能对个人形象产生影响。

（三）迎见礼仪

旅游洽谈会的迎见礼仪是对客人的尊重和热情款待的体现，这是建立良好商务关系的重要一步。以下是从迎接地点、介绍礼、握手礼、入座的先后顺序等方面详细论述的迎见礼仪。

（1）迎接地点。迎接客人的地点通常在会议场所的入口或者接待区域。主办方需要确保洽谈会的迎接地点干净整洁，气氛温馨，既体现主办方的专业性，也让客人感到舒适和被尊重。迎接的时间也要准时，以显示对客人的尊重。

（2）介绍礼。当客人到达迎接地点时，主办方应向他们进行自我介绍，并向客人介绍与会的其他人员。介绍时，主办方应使用清楚、简洁、得体的语言，注意使用正确的头衔和姓氏。在介绍结束后，主办方还应邀请客人进入会议室。

（3）握手礼。在旅游洽谈会中，主办方应在适当的时候与客人握手，一般在介绍礼后，或者进入会议室前。握手时，主办方应保持微笑，握手力度适中，既不过强也不过轻，以示尊重和热情。

（4）入座的先后顺序。在引领客人进入会议室时，主办方应按照一定的顺序安排座位。一般来说，主办方应先入座，然后邀请客人入座。客人的座位通常在主席台对面或者主席台右侧，这是对客人的尊重和重视。在安排座位时，主办方也需要考虑客人的头衔、职位等，以确定他们的座位顺序。

（四）举止礼仪

旅游洽谈会的举止礼仪是非常重要的，它不仅影响着你的个人形象，也会影响他人对你及你所代表的公司或机构的看法。

1.自我介绍要得体

自我介绍是旅游洽谈会开始时最早的一次交流机会，也是对他人产生第一印象的重要环节。因此，自我介绍需要得体、精准且专业，确保使用清晰、准确的语言，语速适中，声音清晰，简明扼要地介绍自己的姓名、职务及所代表的公司，尽可能避免使用过于专业的术语或缩略词，以确保所有听众都能理解。当面对不同语言背景的听众时，自我介绍要使用听众都能理解的语言，如英语。同时，自我介绍应自信且有礼貌，避免自我吹嘘。

2.体态、动作要规范

体态和动作可以对他人产生强烈的影响。因此，自我介绍时需要保持良好的体态，如直立、微笑、眼神交流等，避免环抱双臂或摆弄物件。在与他人交流时，参会者应避免打断他人的讲话或使用大声、尖锐的语调。

（五）谈吐礼仪

在旅游洽谈会中，有效的沟通技巧和谈吐礼仪是非常关键的，它可以帮助参会者在与他人的交流中建立良好的关系，也可以提升参会者代表的公司的形象。

（1）谈话的开场。谈话的开场是构建良好初印象的关键。开始时，人们要以积极正面的话题为主，比如对主办方的感谢或对会议主题的表述，避免直接进入商务讨论，这样有利于缓解气氛，为后续深入讨论奠定基础。

（2）距离。在旅游洽谈会中，保持适当的距离也是一种礼仪。这种距离既要避免过远，让人感到冷漠，又不能过近，让人觉得侵犯个人空间。通常，一个舒适的社交距离是 1.5 ～ 3 米。

（3）语气。语气可以反映一个人的态度和情绪。在旅游洽谈会中，人们的语气应保持平稳、专业且友好，尽量避免出现强烈的情绪波动，如愤怒、挫败或不耐烦。

（4）语速。语速的快慢会影响听众的理解。语速过快可能会让人听不清或理解困难，语速过慢则可能让人觉得无聊或不专业。在商务洽谈中，人们要控制好语速，确保信息可以准确传达。

（5）声调。声调的高低会影响个体信息传达的效果。在旅游洽谈会中，人们应使用稳定且自然的声调，以免给他人造成过于紧张或轻浮的印象。

（6）态度。在旅游商务洽谈中，人们要以一种积极、开放和尊重的态度对待他人。个人发言时，应避免尖锐或贬低的语言，避免对他人的想法和观点进行无理的批判或否定。在听别人发言时，个人要表现出真诚的关注和理解，并适时给予对方反馈和回应。

二、旅游洽谈会准备工作的细节处理

（一）确定洽谈的时间和地点

（1）确定洽谈的时间。洽谈的时间选择对洽谈会的成功与否有很大影响。一般来说，选择在工作日的上午或下午进行洽谈会是最佳的，因为这个时段的人们精力充沛，工作效率高。应尽量避免在周末或节假日安排洽谈会，因为这些时段占用了参会者的私人时间，有可能降低他们的参与热情。洽谈的时间也不宜选择大家比较忙碌的时段，如午餐时间或者下班高峰期。确定时间后，相关工作人员应尽早通知所有参会者，以便他们提前做好安排。

（2）确定洽谈的地点。洽谈会的地点选择也是一个关键因素。选择一个交通便利、设施齐全且环境优雅的地点，可以增加参会者的满意度，提升洽谈的效果。一个良好的环境能够让人感到舒适，有利于开展良好的沟通交流。除了环境要素，相关工作人员还要考虑设施是否齐全，如是否有高速网络、多媒体展示设备、舒适的座椅等，这些都能提升洽谈的效果。地点的选择还要考虑参会者的方便程度，如是否有足够的停车位、是否有方便的公共交通等。

（二）座次的安排

对座次的安排，应该体现出尊重和礼貌，特别是在旅游洽谈会这种正式的场合。

（1）确定主要嘉宾的座位。会议的主要嘉宾或者高级别的参会者应该坐在最显眼或者被认为是最尊贵的位置，通常是主席台或者会议桌的中间位置。在这样的位置，他们可以方便地听取整个会议的讨论，同时是他们发表意见和建议的最佳位置。

（2）标明座位。所有的座位安排都应在会议开始前确定，并且应该标明。这可以通过在每个座位上放置带有参会者姓名的卡片来实现。这样做的目的是避免会议开始时出现混乱，每个人都可以快速而顺利地找到自己的位置。

（3）考虑文化差异。在进行座次安排时，相关工作人员还需要考虑不同文化背景下的礼仪习俗。在某些文化中，座位的选择和排列有着特定的含义和规定。了解并尊重这些规定，可以提升会议的成功率，也是对参会者的尊重。

（4）考虑交流和互动。座次的安排还需要考虑会议中的交流和互动。安排座位的时候，相关工作人员可以将需要频繁交流的人安排在一起，或者将视线清晰的位置留给需要展示或演讲的人，如图6-1所示。

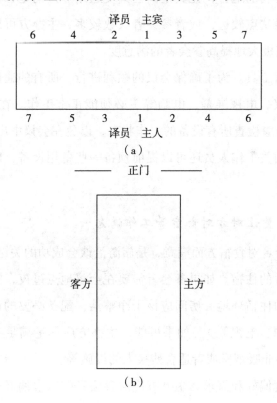

图6-1　洽谈会座次安排

（三）注意会场布置、交通、通信工具

会场布置、交通和通信工具等的考虑，都是为了确保洽谈会的顺利进行，提高沟通效率。

（1）会场布置。会场布置应该既专业又舒适。会议室的布置应尽可能简洁、明亮，以便参会者集中精力，有效地进行洽谈。除了基本的座椅和桌子外，相关工作人员还可以考虑设置一些便于参会者休息和交流的区域。为了保证会议的专业性，相关工作人员还可以适当地摆放一些与会议主题相关的展示板、海报或者模型等。

（2）交通。交通便利是会议成功的重要因素之一。会议地点应尽量选择在交通便利的地方，尤其是离公共交通站点近的地方。如果会议地点离公共交通站点较远，或者参会者人数较多，主办方可以考虑提供接送服务，这将极大地提高参会者的满意度。

（3）通信工具。为了确保会议的顺利进行，所有的通信设备（如麦克风、投影仪、电视屏幕、电脑等）必须能正常工作。在会议开始前，相关工作人员应检查所有设备的工作状态，以免在会议中出现技术问题。如果可能，相关工作人员还可以提前预备一些备用设备，以应对可能出现的技术故障。

（四）尽量让对方对食宿等工作满意

确保参会者对食宿方面满意，是旅游洽谈会成功的关键因素之一。

（1）舒适的住宿。如果参会者需要在会议地点过夜，主办方应为他们提供舒适的住宿环境。房间应该干净整洁，配备必要的设施（如独立卫生间、空调、电视等）。如果可能，主办方应尽量满足参会者的特殊需求，如提供非吸烟房或者适合残疾人的设施等。

（2）饮食偏好和需求。主办方应对参会者的饮食偏好和需求给予充分的关注和考虑。比如，如果有参会者是素食者或者对特定的食物过敏，

主办方应尽可能提供合适的菜肴。在餐饮服务上，主办方应提供健康、美味的餐饮。

（3）展示当地特色。在可能的情况下，主办方可以通过提供一些当地特色的菜肴，以展示主办地的独特魅力。这不仅能为参会者提供更丰富的饮食体验，也是对他们的尊重和欢迎。

（4）完善的服务。除了提供优质的住宿和餐饮，主办方还应该提供周到的服务，如行李搬运、洗衣、叫醒服务等。如果有外国参会者，主办方还应提供翻译服务，以便他们顺畅交流。

第二节　旅游节会、纪念、庆祝活动礼仪

旅游节会、纪念、庆祝活动是对特定主题或事件的集体回忆和庆祝。这些活动对于推广旅游地点、增强社区凝聚力、增进文化认同感等有着重要的意义。为了确保这些活动的成功进行，正确的礼仪必不可少。这些礼仪主要包括活动前的准备礼仪、活动现场的礼仪和活动后的礼仪三个方面。

一、活动前的准备礼仪

（一）邀请函

邀请函在活动礼仪中占有重要的位置。邀请函的专业性与正式性是对活动的重视和对被邀请人尊重的体现，它包含活动的详细信息，如日期、时间、地点，以及活动的性质和日程。以学术会议的邀请函为例，其中应包括论文提交和审查的信息，以及预期的演讲者和主题。邀请函的个性化定制也至关重要。对重要嘉宾或演讲者，主办方应特别发送邀

请函，以表达对他们的重视。此外，邀请函需要在充足的时间内发送给接收者，以便他们有足够的时间做出决定和准备。例如，对一个计划在半年后举行的旅游节，邀请函应至少在 3 个月前发送。

（二）活动策划

活动策划在整个旅游节会、纪念、庆祝活动礼仪中占有重要地位。其中，尊重并考虑参与者的文化背景是一个重要的考量因素。在活动安排和餐饮选择等方面，主办方应体现对不同文化背景的尊重和理解。另外，明确的目标不仅有助于确定活动的规模、形式和内容，也有利于更好地向参与者传达活动的目的。活动设计需要考虑所有参与者的需求，如安排适当的休息时间、提供必要的设施和服务等。这种全面考虑的活动设计不仅体现了对参与者的尊重，也有利于活动的顺利进行。

（三）预先沟通

对一个正式的活动，主办方需要提前告知参与者的着装要求和大致活动步骤，进而确保活动的顺利开展。及时提供该活动信息，如交通、住宿信息以及活动日程的更新，这也是预先沟通的主要内容。另外，了解并尽可能满足参与者的需求也是预先沟通的重要环节。这涉及提前询问参与者的食物偏好、过敏反应、特别的住宿需求等。通过这种方式，主办方可以显示出对参与者的尊重和关心。

二、活动现场的礼仪

（一）接待

在旅游节会、纪念、庆祝活动中，接待礼仪起着至关重要的作用。接待过程不仅是活动的门面，也是活动的预热，这种细致入微的服务让参与者体验到被尊重和重视，从而更加深入地参与到活动中。

接待工作人员必须以热情和专业的态度欢迎每一位参与者。这意味着组织者需要具备良好的沟通技巧和服务意识，以便与来自不同背景的参与者建立积极的交流和互动。组织者要充分了解活动的内容，能够解答参与者对活动的疑问，如活动流程、时间表和地点等，确保参与者对活动的安排有清晰的了解。在大型的旅游节庆活动中，接待的角色尤为关键，其负责提供活动日程，指引参与者到达活动的不同区域，甚至在必要时提供实质性的帮助，如协助参与者解决交通、住宿等问题。这种专业和友好的接待服务不仅确保活动顺利进行，也对营造积极的活动氛围起到了决定性的作用。

（二）尊重

一方面，参与者需要明确认识到，自身在活动中的行为会影响他人的体验和活动的整体氛围。例如，在公众表演活动中，如音乐会，观众需要遵循一定的礼仪规范。在表演过程中保持安静，不打断表演者，这是尊重表演者和其他观众的基本表现。这样的行为展现了对艺术的尊重，也为活动的成功进行提供了条件。另一方面，组织者也应尊重不同的文化和习俗。这是因为旅游节会、纪念、庆祝活动往往涉及多种文化的交汇和互动，对不同文化和习俗的尊重，有助于创造一个更为包容、和谐的活动环境。只有当每个参与者都能感受到被尊重和接纳，活动才能真正达到目标。

（三）互动

在旅游节会、纪念、庆祝活动中，互动是活动成功的关键因素，也是活动礼仪的重要组成部分。互动不仅体现在言语交流上，还涉及肢体语言、空间距离、个人行为等方面。例如，在旅游节会活动中，许多情况下会涉及大量的人际互动，而参与互动的人可能有着不同的文化背景。在此种情况下，了解并遵守基本的礼仪尤为重要。同时，活动中的互动也应符合活动的氛围。例如，在庆祝活动中，人们通常会表现出热情和

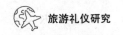

开放的态度，积极参与各种活动，与他人分享快乐。在纪念活动中，人们可能会保持安静和肃穆的氛围，以表示对特定事件或人物的尊重。

三、活动后的礼仪

（一）表达感谢

活动结束后，向所有参与者表达感谢是基本礼仪，无论是大型国际旅游节还是小型地方庆典，这一环节都不可或缺。感谢信或感谢函是一种象征性的交流方式，表现了组织者对参与者的深深感谢和对他们的尊重。在内容上，它可以回顾活动的亮点，分享成果，感谢参与者的贡献。这种感谢对于增强参与者的认同感和归属感具有重要作用，也能激励他们在未来的活动中继续参与。更进一步说，感谢信或感谢函的发送还能在一定程度上提升活动的形象和声誉，使活动更具影响力。对旅游活动而言，这种影响力的提升可以吸引更多的参与者，扩大活动的影响范围，实现活动目标。

（二）清理现场

旅游节会、纪念、庆祝活动后的现场清理，既是对环境、公共空间和社区的尊重，也是组织者负责任的体现，更是一种可持续的旅游实践。在规模较大的旅游活动中，人流密集和活动繁忙往往导致现场产生大量废弃物。对此，活动组织者应承担清理义务，确保活动场地得到适当的恢复，尽可能降低活动对环境和场地的影响。

具体来说，清理现场应包括但不限于废弃物的回收、设施的整理与修复。这一过程应做到细致和全面，以确保不遗漏任何可能对环境和场地产生负面影响的因素。例如，废弃物的回收应符合环保准则，尽可能实现垃圾分类和资源化利用，降低废弃物对环境的污染。对活动组织者来说，清理现场的行为不仅是对场地提供者的尊重和对公共空间的保护，也是对参与者的负责、对社区和环境的尊重。这一行为将进一步提升活动的声誉，展示组织者的专业性和责任感。

（三）反馈和评价

旅游节会、纪念、庆祝活动后，对反馈和评价给予充分关注，是组织者责任心和专业性的重要表现层面。它不仅体现了组织者对参与者态度的尊重，更有利于持续改善和提升活动质量。

反馈和评价的收集可以采取多种形式，如现场问卷调查、线上平台评价、电话回访、面对面的交谈等。这些渠道可以获取全面而深入的反馈，有助于组织者发现活动的优点和需要改进的地方。另外，组织者应重视并尊重参与者的观点和感受。例如，对有关活动流程、活动内容、活动环境等方面的反馈和建议，组织者可以根据具体情况调整活动策划和执行，也可以在公开场合，如活动网站或社交媒体上，回应参与者的反馈，以显示对反馈者的重视。

第三节　旅游商务仪式礼仪

一、签约仪式中的礼仪

签约仪式是双方或多方就某一个问题或某一组问题达成协议、协定，缔结条约时常用的一种方式。在商务交往活动中，双方经过洽谈、讨论，就某项重大问题意见、重要交易或合作项目达成一致，就需要把谈判成果和共识，用准确、规范、符合法律要求的格式和文字记载下来，经双方签约盖章形成具有法律约束力的文件。围绕这一过程，一般都要举行签约仪式。

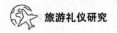

（一）签约仪式的准备

（1）签约场所。选择一个恰当的签约场所是非常重要的。场所应该有足够的空间容纳所有参与者，并应该设有合适的设施（如音响、投影仪等）。另外，场所的选择也应该体现公司的形象和品牌价值。例如，如果公司注重环保，那么可以选择一个绿色环保的场所进行签约。

（2）签约座次。座次的安排应当体现尊重和平等。通常情况下，主办方和合作方的代表人应坐在中心位置，其他人员则按照职务和级别坐在两边。座次的安排也应符合地域文化和商务礼仪（图6-2、图6-3）。

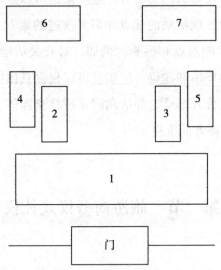

1.签约桌；2.客方签约人；3.东道主签约人；4.客方助签人；5.东道主助签人；6.客方参加签约人员；7.东道主参加签约人员。

图6-2 并列式座次

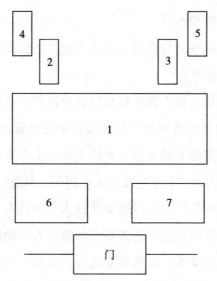

1.签约桌；2.客方签约人；3.东道主签约人；4.客方助签人；5.东道主助签人；6.客方参加签约人员；7.东道主参加签约人员。

图6-3　相对式座次

（3）签约物品。签约物品主要包括合同、笔、桌牌等。合同应该打印清晰，双方各备一份。签字笔可以选用有代表性或纪念意义的笔。桌牌应标明参会者的姓名和职务，方便识别。

（4）致辞。致辞是签约仪式的重要环节，通常由主办方和合作方的代表人进行。致辞内容应当简洁明了，表达对未来合作的期待和对对方的感谢。提前准备致辞稿，可以避免因现场紧张而造成的失误。

（二）签约仪式的着装要求

签约仪式是非常正式的商务活动。签约人、助签人以及随员在出席签约仪式时，男士应当穿着礼服类的深色西装套装或中山装套装，系单色领带，配白色衬衫，着深色皮鞋。签约仪式上的礼仪人员、接待人员可以穿自己的工作制服，女性礼仪人员、接待人员也可以穿旗袍一类的服装。

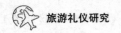

（三）签约仪式的人员

各方签约人的职务和身份应一致或大致相当，因此各方担任签约人的身份应事先通报对方。

致辞人一般由签约各方职务最高的领导担任，有时也可以安排上级机关或协调机构的代表致贺辞。签约仪式中安排致辞、祝酒等环节时，应当由主持人介绍致辞人的身份，主持人则由主办方派有一定身份、形象好、语言表达能力强、善于应变的人士担任。另外，参加会谈的人员，各方人数应当大致相等，也可以邀请保证人、协调人、律师、公证人员参加。大型或多方签约仪式，还需要安排助签人。助签人就是在签约过程中帮助签约人翻揭文本、指明签字之处、互换文本等工作的人员。各自安排一位助签人即可。有时也会安排礼仪人员，以便在签约仪式正式开始之前引导双方进入签约厅，并在签约结束后端上香槟酒。礼仪人员一般由年轻、相貌姣好的女性担任。

（四）参加人员的举止

签署双边合同时，请客方签约人在签约桌右侧就座，主方签约人就座于签约桌左侧。双方的助签人分别站在各签约人的外侧，以便随时提供协助。双方其他随员按照一定顺序在己方签约人的正对面就座，也可以根据职务高低，依次从左到右（客方）或从右到左（主方）地列成一行，站在己方签约人身后，一行站不完时按照以上顺序并遵照"前高后低"的惯例排成多行。签署多边合同时，各方签约人根据事先约定的顺序逐个签约，各方助签人跟着一同行动。助签时根据"右高左低"的惯例，助签人站在己方签约人左侧。各方随员按一定顺序面对签约桌就座或站立。

（五）签约仪式的致辞

签约仪式上主办方或者来宾的致辞不是必需项目。如果致辞，一般由双方首席代表或者发言人以及被邀请参加签约仪式的其他重要来宾发言。致辞应简单明了，内容分成三部分：对在座人员的称呼、说明这是什么签约仪式、表达祝愿及祝福。致辞时间控制在三分钟左右。

二、庆典仪式礼仪

（一）安排来宾的接待工作

在旅游庆典仪式中，安排来宾接待工作至关重要。这一工作通常由专门的筹备组负责，其成员由各方面有关人士组成，需具备出色的执行力。筹备组会根据需要设立公关、礼宾、财务、会务等专项小组，各司其职。在接待工作中，应有专人负责制订详尽的接待计划，包括接待时间、地点、流程等，并根据来宾需求，为远道而来的来宾提供接机、住宿和交通等服务。在庆典现场，接待小组负责引导来宾参与活动，解答来宾的疑问。对 VIP 来宾，接待小组应提供额外的个性化服务，如专门的陪同人员或翻译服务。这样的专业、周到的接待工作，不仅能让来宾有宾至如归的感觉，也能反映出旅游业的专业性和友好性，为庆典的成功打下坚实的基础。

（二）布置举行庆祝仪式的现场

庆典现场的布置是重要的一环。首先，地点的选择应与庆典的主题和规模相匹配，同时要考虑交通便利性、环境舒适性等因素。其次，环境的美化非常重要，场地的布置和装饰，如花卉、灯光、横幅等，应符合庆典的主题，以营造欢乐和喜庆的气氛。再次，场地的大小应根据参加庆典的人数合理安排，保证每位参加者都有足够的活动空间，同时保证庆典活动的顺利进行。最后，音响的准备是确保庆典顺利进行的关键，应提前测试，确保音质清晰、音量适中，以满足演讲、音乐表演等不同环节的需求。

（三）拟定庆典的具体程序

在旅游庆典仪式中，庆典的具体程序对活动的成功至关重要。理想的庆典时间应以 1 小时为限。这样既可以保证活动效果最佳，也尊重了出席者的时间，特别是来宾的时间。庆典的程序也不应过多，要保持简洁明了，不仅使整个庆典过程流畅，也让每个程序都能得到足够的关注。

（四）后勤保障和安全保卫工作

在旅游庆典仪式中，庆典活动的后勤保障和安全保卫工作非常关键。提供良好的茶水服务，能使出席者感到被尊重和关怀，同时为活动的顺利进行提供保障。现场秩序的维护是确保活动顺利进行的必要条件，需要有专人负责，确保所有程序按计划进行。安全保卫工作则是确保参与者的人身和财产安全的重要环节。这些工作的良好执行，有助于提升庆典的整体效果，让参与者有一个满意和难忘的体验。

（五）参加庆典仪式的礼仪

在旅游庆典仪式中，每个参与者都需要以妥帖的仪态来表达自己对这一重要场合的尊重。首先，整洁的仪容和规范的服饰是基本的礼节，这不仅展现了个人的专业素养，也展示了个人对活动和其他参与者的尊重。严肃而专注的表情进一步强化了这种尊重的表现，而友好的态度无疑是一个让人倍感亲近的魅力所在。其次，准时出席、严守纪律，既是对自身的尊重，也是对他人和整个活动的尊重。将这些要素融入每个参与者的行为和态度中，可以使庆典成为他们满意和难忘的体验。

第四节　旅游商务文书礼仪

一、格式与结构

在旅游业商务活动中，商务文书起着重要作用，它不仅是信息传递的载体，也是展示企业形象的重要工具。因此，对商务文书的格式和结构要求极高，需要遵循一定的标准和规范，以确保文书的正式性和专业性。

标准化的格式在商务文书中的应用体现了旅游业对专业性的追求和对细节的关注。行业内认可的标准格式是在长期实践中总结出的最优实践，其目的是确保文书内容的清晰、准确，并能够快速传达给阅读者。在旅游商务文书中，无论是合同、文书还是其他类型的文书，都需要遵循一定的格式标准，如标题的层次分明、段落的合理划分等，这些都是为了使文书内容结构清晰，便于阅读和理解。此外，标准化的格式还体现了企业的专业态度和严谨作风，有助于在商业伙伴和客户中树立良好的企业形象。

清晰的结构是商务文书能够高效传达信息的关键。一个结构清晰、逻辑严密的文书能够使阅读者迅速抓住文书的主旨，了解文书所要传达的关键信息。在旅游商务文书中，清晰的结构尤为重要，因为旅游业涉及的信息繁多、内容复杂，一个清晰的文书结构可以帮助阅读者快速筛选信息，提高工作效率。例如，在一份旅游产品的推介文书中，通过明确的章节划分、合理的信息排列，阅读者可以快速找到自己感兴趣的内容。

　　一致性是保持文书整体协调的重要因素。在商务文书中，字体、大小、颜色等元素的一致性，不仅关系文书的美观，更关系文书的可读性和专业性。旅游业作为一个注重细节和体验的行业，对商务文书的一致性要求极高。一份外观整洁、格式一致的文书，能够给阅读者留下深刻的印象，反映出企业的专业水平和对工作的认真态度。反之，一份格式杂乱、元素不一致的文书，不仅会给阅读者带来阅读上的不便，还会影响企业在商业伙伴和客户心中的形象。

　　专业性是商务文书不可或缺的品质之一。在旅游商务文书中，使用专业术语可以确保文书内容的准确性和权威性，体现企业在旅游行业中的专业水平和丰富经验。此外，专业性还体现在文书内容的深度和广度上。一份内容深刻、覆盖面广的文书，能够展示企业对旅游行业的深刻理解和全面把握，增强企业在商业伙伴和客户心中的信任感和认可度。反之，一份缺乏专业性的文书，不仅无法准确传达信息，还可能误导阅读者，造成不良后果。

二、语言表达

　　在旅游业商务活动中，文书作为沟通的重要工具，其语言表达的准确性、礼貌性及专业性至关重要。文书中的语言表达不仅代表了企业的形象，也直接影响信息传递的效果，因此遵循一定的语言表达礼仪是实现有效沟通的前提。

　　正式、礼貌的语言运用反映了企业的专业性和对商务伙伴的尊重。在旅游商务文书中，使用正式、礼貌的语言尤为重要，因为这直接关系企业形象的塑造和业务合作的进展。文书中的语言应避免使用俚语或不正规的表达，以免造成不专业的印象或误解。同时，文书中应注意使用礼貌用语，如称谓的准确运用、对商务伙伴的恰当称呼等，这些细节的把握不仅体现了企业的专业素养，也是对商务伙伴的尊重和礼貌的表现。

正式、礼貌的语言运用，有助于建立和维护良好的商务关系，促进双方合作的顺利进行。

准确无误的语言表达是确保信息传达清晰、无歧义的基础。在旅游商务文书中，语言表达的准确性尤为重要，因为旅游业涉及的信息繁多，任何语言上的模糊或错误都可能导致严重的后果。因此，文书中的语言表达应力求准确无误，避免使用容易产生歧义的词或表达方式。为此，撰写文书的人员应具备较强的语言表达能力和专业知识，确保文书内容的准确性和专业性。同时，撰写文书的人员还应对文书进行仔细的校对和修改，确保文书中的每一个词、每一句话的表达都是准确无误的。

简洁明了的语言表达有助于提高文书的阅读效率和信息传递效果。在旅游商务文书中，由于接收者通常时间宝贵，因此文书的语言表达应力求简洁明了、直击要点，避免使用冗长、复杂的句子。这不仅有助于提高文书的阅读效率，也使信息传递更为直接、高效。为此，撰写文书的人员应具备较强的逻辑思维能力和语言组织能力，能够将复杂的信息用简洁明了的语言表达出来，确保文书内容的易读性和有效性。

文明尊重的语言表达是体现企业文化和价值观的重要途径。在旅游商务文书中，语言表达应体现出对合作方或客户的尊重，避免使用可能引起不适的话语。这不仅是对商务伙伴的基本尊重，也是企业文化和价值观的体现。文明尊重的语言表达，有助于营造和谐的商务环境，增强双方的信任感和合作意愿，从而促进商务活动的顺利进行。为此，撰写文书的人员应具备较强的文化素养和社会责任感，能够在文书中体现出对合作方或客户的尊重和关怀，展示企业的良好形象和社会责任感。

三、准备与呈现

在旅游业商务活动中，商务文书的准备与呈现需要遵循一定的礼仪和标准，以确保信息的准确传达和良好的沟通效果。

　　商务文书的准备阶段是整个文书制作过程中的基础和关键。在这一阶段，进行充分的资料搜集和分析至关重要。撰写人员需要深入研究文书主题，广泛搜集相关资料，并对资料进行仔细筛选和分析。在旅游商务文书中，这一阶段往往涉及市场趋势、客户需求、竞争对手动态等多个方面，需要撰写人员具备较强的研究能力和专业知识，以确保文书内容的全面性和深入性。充分的准备工作不仅能够提升文书的专业水平，还能够避免由于资料不足或分析不准确而导致的错误结论，确保文书内容的准确性和可靠性。

　　文书的视觉呈现效果对提升文书的可读性和吸引力起着重要作用。在商务文书中，合理运用图表、图片等视觉元素，能够使复杂的数据和信息更加直观、易懂，提升文书的可读性。在旅游商务文书中，这一点尤为重要，通过视觉元素的运用，可以帮助阅读者更快地把握信息，提高阅读效率。此外，文书的版式设计、字体选择、颜色运用等也是视觉呈现的重要组成部分，需要根据文书的性质和阅读者的特点进行恰当的设计，以确保文书的专业性和吸引力。

　　突出文书的重点是确保阅读者能快速把握文书核心内容的关键。在商务文书中，撰写人员需要明确文书的主题和目的，突出显示文书的重点内容，确保阅读者在有限的时间内能够快速理解文书的主旨。在旅游商务文书中，这一点尤为重要，因为决策者通常时间宝贵，需要在短时间内做出决策。此外，文书中的重点内容需要用清晰、简洁的语言表达，必要时可运用粗体、下划线等标注进行强调，确保阅读者能够迅速抓住文书的核心内容。

　　文书的结尾部分应包含适当的总结和建议，为阅读者提供参考。在商务文书中，总结和建议部分是对整个文书内容的归纳和升华，需要简明扼要、直击要点。在旅游商务文书中，这一部分往往涉及未来市场趋势的预测、策略的调整等内容，对决策者有着重要的指导作用。因此，撰写人员需要根据文书内容和目的，提出切实可行的建议和解决方案，为决策提供依据。总结和建议部分还需要注意语言的准确性和权威性。

四、保存与归档

在旅游业商务活动中，商务文书的保存与归档是确保文书安全、便于检索和利用的重要环节。文书管理的规范性直接关系企业信息资源的整合与利用，对提升企业运营效率和保障商务活动顺利进行具有重要作用。

建立系统的文书管理和归档制度，是确保文书保存有序、易于检索的前提。在旅游业商务活动中，文书种类繁多、数量庞大，如果没有系统的管理和归档制度，很容易造成文书的错置甚至丢失。因此，企业需要根据文书的性质和使用频率，建立科学合理的文书分类和归档制度，明确文书的负责人、保存位置和保存期限等信息。同时，企业还需要定期对文书管理和归档制度进行检讨和更新，确保制度的科学性和适用性，从而保障文书的安全保存和高效利用。

对重要文书进行电子备份是防止文书丢失或损坏的重要措施。在现代商务活动中，电子文档已成为主要的文书形式，其安全性和便利性受到人们的广泛认可。在旅游业商务活动中，对合同等重要文书进行电子备份，不仅可以防止原件的丢失或损坏，还便于文书的传递和共享。企业应建立规范的电子文档管理制度，明确电子文档的保存格式、存储位置和备份频率等信息，确保电子文档的安全和完整。

对涉及敏感信息的文书采取严格的保密措施是保护企业商业秘密和客户隐私的必要环节。在旅游业商务活动中，文书中往往包含了大量的商业信息和客户数据，如价格策略、市场分析、客户联系方式等，这些信息的泄露可能给企业带来重大损失。因此，企业需要对涉及敏感信息的文书采取严格的保密措施，如限制文书的查阅和复制权限、加密文书存储等，以防敏感信息泄露。同时，企业还需要对员工进行保密教育和

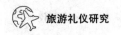

培训，增强员工的保密意识，从人的角度确保文书的安全。

对过时或不再需要的文书进行清理是保障文书管理高效性的重要措施。随着时间的推移，一些文书可能已经过时或不再具有保存价值，这些文书的堆积不仅占用了大量的存储空间，还可能导致文书管理的混乱。因此，企业需要定期对文书进行清理，对过时或不再需要的文书进行销毁或归档，确保文书管理的有序性和高效性。文书清理工作还需要遵循一定的程序和标准，做到既安全又规范。

第五节　旅游信息服务礼仪

旅游信息服务是指旅游信息机构针对用户的信息需求，及时方便地将整序后的信息产品传递给用户的过程。旅游信息服务是旅游信息工作的最后环节，也是联系旅游信息与用户的桥梁。

一、服务态度

（一）尊重和谦逊

在旅游信息服务中，尊重和谦逊是沟通礼仪的基础。尊重表现为认真听取和理解客户的需求，尊重他们的选择和决定，以及避免打断他们的发言。谦逊则体现在对自己的知识和能力有清醒的认识，避免过分自信或炫耀。服务人员需要在交流中展现出对客户的尊重，这包括避免使用侮辱性的语言，尊重客户的隐私，并时刻保持谦逊的态度。这种方式不仅能够满足客户的需求，更能提升他们的满意度，并在他们心中留下良好的印象。

（二）明确和准确

明确和准确是旅游信息服务沟通礼仪中的另一个重要原则。明确要求服务人员在与客户沟通时，明确自己的观点，避免含糊不清或模棱两可的语言。准确则要求服务人员提供的信息必须准确无误，这包括旅游目的地的详细信息、旅行时间、旅行费用等。在此过程中，服务人员需要以简洁明了的语言来表达复杂的信息，并确保他们提供的每一个细节都是正确的。另外，他们还需要经常更新他们的知识，以便在旅游市场发生变化时，能够为客户提供最新和最准确的信息。

（三）倾听和反馈

有效的沟通并不是信息的单向传递，而是一个双向的过程。在旅游信息服务中，服务人员需要有良好的倾听技巧，这不仅包括理解客户的语言，还包括理解他们的需求、情绪等。倾听能够帮助服务人员更深入地理解客户，从而提供个性化的服务。反馈也是沟通礼仪的重要组成部分，主要包括对客户的问题和需求给予及时和恰当的回应，以及对他们的情绪和反馈给予适当的回应。在某些情况下，反馈可能需要服务人员以柔和而坚定的方式来处理客户的质疑或投诉。通过有效的倾听和反馈，服务人员可以更好地满足客户的需求，从而提高客户的满意度。

（四）非语言沟通礼仪

除了语言沟通，非语言沟通也在旅游信息服务中起着关键性作用。非语言沟通包括面部表情、身体语言、手势、声音的音调和强度等。对服务人员来说，他们的非语言信号往往比言语更能影响客户的感受。例如，微笑、直视客户的眼睛、亲切的语气都能给客户留下良好的印象。反之，无视客户、无感的面部表情或冷淡的语气可能使客户感到不舒服或被忽视。因此，服务人员需要认识到非语言沟通的重要性，并学习如何用正确的方式来传递他们的非语言信号。非语言沟通礼仪在跨文化交

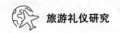

流中尤为重要，因为不同的文化有不同的非语言信号和解释。例如，在某一文化中，直视他人的眼睛可能被视为尊重，而在其他文化中，则可能被视为不礼貌。因此，了解和尊重文化差异，正确地使用非语言信号，对服务人员来说是至关重要的。

二、专业知识

（一）专业知识的掌握和深入理解

服务人员需要对全球各地的旅游目的地、文化、习俗、旅行安全和便利设施等方面有详尽的了解，还需要了解和熟悉各种旅游产品和服务，包括各种类型的旅行团、旅游项目、酒店、餐饮、交通等。这种深入和广泛的知识使服务人员能够根据客户的需求和喜好，提供个性化的建议和解决方案。比如，面对一位喜欢历史文化的游客，服务人员可以向其推荐一些文化底蕴深厚的旅游目的地，并提供相关的历史背景、主要景点、特色美食等信息。

（二）专业知识的妥善展示

服务人员应以平等、友好、尊重的态度与客户交流，避免使用过于复杂或专业的术语，让客户感到困惑或不舒服。同时，服务人员应在提供信息时保持客观和公正，不强加自己的观点或喜好，尊重客户的选择和决定。服务人员还需要注意在适当的时机展示他们的专业知识。比如，当客户详细询问某个旅游目的地或项目时，服务人员可以凭借自身的专业知识为客户解答，而当客户只需要一些基础的旅游信息或建议时，服务人员应适当收敛，避免过度展示。

（三）专业知识的持续更新

旅游行业是一个瞬息万变的行业，新的旅游目的地、新的旅游产品、新的旅游法规和政策等不断涌现。因此，服务人员需要具备持续学习和更新知识的意识和能力。这包括参加各种旅游业的培训和研讨会、阅读相关的书籍和杂志、关注旅游业的新闻和趋势等。只有通过持续的学习和更新，服务人员才能保持自己的专业知识处于最新的状态，以便为客户提供高质量的旅游信息服务。服务人员还需要具备反思和自我提升的能力，定期反思自己的服务，发现自己的不足，然后采取行动来改进和提高。这种对专业知识的追求和对服务质量的不断提升，是专业服务人员的重要特质。

三、文化敏感度

（一）理解和尊重多元文化

在经济全球化的今天，游客来自世界各地，他们的文化背景、信仰、价值观、行为习惯等可能大相径庭。因此，服务人员需要具备一定的文化敏感度，能够理解并尊重这些差异。

服务人员可以通过学习、培训、实践等多种方式来提高自己的文化敏感度。这包括对世界各地的历史、地理、社会、艺术、饮食等方面的深入了解，对各种文化礼仪、习俗、节日等的学习和理解，对多元文化的尊重和欣赏，以及对文化差异可能引发的冲突和问题的预见和处理，等等。

（二）妥善处理文化差异

除了理解和尊重多元文化，服务人员还需要具备妥善处理文化差异的能力。这是因为不同文化背景的游客在旅游需求、行为方式、交流风格等方面存在显著的差异，这些差异如果处理不当，可能引发误解、冲突，甚至破坏服务关系。为了妥善处理文化差异，服务人员需要放下自己的文化偏见，以开放和包容的心态去接触和理解其他文化。服务人员还需要学会

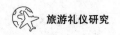

以文化适应的方式来交流和提供服务，如用恰当的语言和方式与不同文化背景的游客交流，根据游客的文化习惯和喜好来提供个性化的旅游建议和服务，以及在面对文化冲突时，用正确的态度来寻找解决办法。

四、技术应用

（一）合理有效地使用技术工具

在信息化社会，电脑、手机、移动应用、网站、社交媒体等在旅游信息服务中的应用变得越来越重要。服务人员需要熟练掌握这些工具的使用，以便更高效地为客户提供信息，更便捷地与客户交流。但是，这仍需要遵循一定的礼仪。

服务人员需要合理地使用技术工具，了解每种工具的特性和优势，明确其适用场景，灵活地将其应用于旅游信息服务中。比如，针对需要即时向客户反馈的情况，服务人员可以选择电话或在线聊天工具进行沟通；针对需要向客户提供详细信息或记录的情况，服务人员可以选择邮件或文档形式进行沟通。随着技术的发展，新的工具和平台不断出现，服务人员需要及时了解和掌握，以便在服务中使用，提高服务的质量和效率。

（二）尊重客户的隐私和习惯

在使用技术工具时，尊重客户的隐私和习惯是非常重要的礼仪。服务人员要尊重客户的隐私，不滥用技术工具获取、使用或泄露客户的个人信息。服务人员还要尊重客户的沟通习惯，选择客户更易接受的沟通方式。比如，有的客户可能喜欢以邮件或短信的方式沟通，有的客户可能喜欢以电话或视频通话的方式沟通。服务人员要了解并尊重客户的这些习惯，最大化地提高沟通效果。

第六节　旅游商务电话日常用语礼仪

在旅游商务领域，电话是主要的沟通工具之一。这种沟通方式可以帮助商务专员迅速而高效地完成商务交流和协调工作。然而，由于其缺乏面对面交流的非言语信号，因此商务专员需要用更为专业的日常用语礼仪来确保沟通的顺利进行。

一、专业的语言

在旅游商务领域，电话交流作为一个核心的沟通渠道，具有独特的价值。在这一交流过程中，采用专业的语言不仅是一种礼仪，更是有效沟通的保证。

（一）语言准确

语言准确是电话交流中的基石。在商务交流中，商务专员应使用专业的词语来描述相关的内容。这样可以确保信息的准确传递，避免由于用词不当而产生误解。

（二）逻辑严密

逻辑严密是商务电话交流的另一重要方面。通过有逻辑的叙述，双方的对话更加有条理，也更易于理解。这样不仅可以提升沟通的效果，还可以增强信息的说服力。

二、尊敬的态度

在旅游商务电话交流的过程中，尊敬的态度显得尤为关键。这不仅是个人修养和教育水准的体现，更是构筑良好商务关系的基石。在电话交流中，商务专员要保持尊敬的态度。这体现在对对方观点的尊重和理解，以及在交流过程中的耐心上。例如，在商务电话交流中，商务专员应尽量避免无谓的拖延，以显示对对方时间的尊重。

三、适时的反馈

除了专业的语言和尊敬的态度，适时的反馈也是必不可少的重要方面。适时的反馈基于对话者对信息的准确理解和对交流的高度重视，其可以确保信息的准确传递，增强交流的效果，从而达成商务交流的目标。

第七章　旅游景区服务礼仪

第一节　旅游景区环境与服务特点

旅游景区作为特定地域范围，由统一的经营管理机构运营，涵盖风景区、文博院馆、寺庙观堂、旅游度假区、自然保护区、主题公园、森林公园、地质公园、游乐园、动物园、植物园以及工业、农业、经贸、科教、军事、体育、文化艺术、学习等各类旅游景区，具备高度的综合性。该综合性主要表现在多种服务内容的组合、为游客提供丰富多元的旅游体验上。不同类型的旅游景区因其景点体系的内容和特点、所处位置及功能的不同，各具风格和特点，从而在服务组合上展现出多样性。随着旅游设施和旅游活动服务的快速发展，服务市场的竞争愈发激烈，对旅游景区提出了更高的服务质量要求。

在此背景下，旅游景区的服务环境成为决定其竞争力的重要因素。服务质量是旅游企业在激烈的市场竞争中求发展的基础条件，而优质的服务环境是实现高服务质量的重要前提。在旅游景区服务过程中，推广普及服务礼仪，不仅有助于提升景区服务人员的个人素质，更是对服务对象的尊重，有利于提高服务水平和服务质量。同时，优质的服务环境可提升景区单位的整体水平，进一步促进景区单位创造更好的社会效益和经济效益。

服务环境的优化涉及多方面的因素，包括但不限于服务人员的专业素质、服务流程的设计优化、服务设施的完善和现代化、服务信息的准确及时传递，以及服务反馈机制的建立和完善。以上各方面的综合优化，可以为游客提供更为舒适、便捷和满意的旅游体验，同时为旅游景区的长期发展奠定坚实的基础。

旅游景区的服务礼仪特点主要体现在以下几个方面。

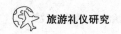

一、社会交往原则的体现

旅游业的特殊性使得旅游企业在实现经营目标过程中，必须广泛地与各类社会主体交往。这种交往要求旅游企业及其从业人员遵循社会交往的通用原则，以实现交往双方的彼此认同与相互尊重。知礼懂礼成为实现这一目标的基本前提。

二、尊重与友好的表现

旅游服务礼仪是旅游从业人员在服务活动中遵循的，体现对他人尊重与友好的行为准则和处世准则。这种礼仪不仅仅体现在服务人员的个人行为上，也体现在旅游景区设计服务操作规程时的基本原则上。

三、服务质量的提升

旅游景区接待与服务礼仪的实质内容是提升服务质量，其要求服务人员在各自的工作岗位上向旅游对象提供标准的、正确的服务。服务人员遵循礼仪规则，可以在一定程度上保证服务质量的提升。

四、规范性与可操作性

与其他类型的礼仪相比，旅游景区服务礼仪具有明显的规范性和可操作性。这种规范性和可操作性主要体现在服务人员的仪容、仪态、服饰、语言等方面的规范上，也体现在旅游景区的服务操作规程设计中。

五、客户满意度的追求

旅游景区的服务礼仪也体现了对客户满意度的追求。通过尊重客人、方便客人、满足客人为原则所设计的服务操作规程，旅游景区可以在一定程度上提高客户的满意度和忠诚度，从而为景区的长期发展奠定基础。

第二节　景区服务人员职业形象标准

景区的服务人员代表了整个景区的形象，因此景区服务人员的职业形象关系客人对整个景区的印象。

一、景区服务人员仪容修饰

景区服务人员的仪容修饰是其职业形象的重要组成部分，它对于提升游客的体验和景区的整体形象具有重要意义。在这方面，外貌修饰细分为多个方面，包括头发、面容、颈部和手部等的修饰。

头发的修饰是仪容修饰的基础，要求员工保持头发的清洁，避免产生异味和头皮屑。对男性员工，头发的长度应遵守一定的标准，即前不盖眉、后不遮衣领、两鬓不挡住耳朵。女性员工则需要在上班时间将长发盘起，避免披肩散发，以保持整洁和专业的形象。

面容修饰主要涉及化妆的问题。化妆应以淡妆为主，旨在使个人的五官更为清晰、富有精神，而不应过分浓重或艳丽。特别是在选择口红和香水时，应避免过于刺眼或刺鼻，以保持自然、舒适的感觉为宜。

颈部和手部的修饰也是不可忽视的部分。颈部的肤色应与面部肤色保持一致，以达到自然的过渡。手部的修饰主要体现在保持指甲清洁、长度适中，以及勤洗手保持个人卫生。这些细节的修饰体现了景区服务人员对职业要求和个人卫生的重视，也是展现职业专业性和服务质量的重要方面。

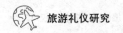

二、景区服务人员服饰修饰

景区服务人员的服饰修饰是职业形象的重要表现，它不仅展示了景区的专业性和规范性，也在一定程度上影响着游客的体验感。以下几个方面是服饰修饰的主要内容。

（一）工作服的规定与要求

工作服是景区服务人员的基本装备，其设计应体现景区的文化和特色。工作服的整洁非常重要，直接影响景区和个人的形象。例如，领子和袖口的清洁、工装的整体挺括，都是展现服务人员专业形象的重要因素。同时，工作服的各项配件，如扣子、拉链等应完好无损，无松动、线头和污点。

（二）鞋袜的搭配与选择

鞋子作为工作服的一部分，应保持干净光亮。通常情况下，服务人员应选择正式的皮鞋。男性员工的袜子颜色应与鞋子颜色相协调，通常选择黑色。女性员工则应选择与肤色相近的丝袜，以呈现整洁、专业的形象。同时，袜子应无破洞，不应露出鞋帮。

（三）工作证的佩戴

工作证是证明服务人员身份的重要标识，应端正地佩戴于胸前，以便游客能够清楚地识别服务人员的身份。这也是展现景区管理规范和专业服务的重要方式。

（四）饰品的佩戴

对景区服务人员，通常不提倡佩戴过多的饰品。如果需要佩戴，应以简洁、统一为原则，如已婚人士可以佩戴简洁的婚戒，女性员工的发饰应统一款式，以避免过于花哨或个性化的装饰影响职业形象和服务质量。

三、景区服务人员行为规范

景区服务人员的行为规范是影响景区服务质量和游客体验的重要因素。行为规范涵盖了服务态度、交流技巧和个人举止等多方面内容，旨在为游客提供优质、专业和友善的服务。

（一）举止大方与优雅自然

在服务领域，举止大方和优雅自然的表现是基础的职业要求，能立刻传递出专业和友善的信息给游客。正视和倾听是在交流中显示尊重和专注的基本表现，能避免游客感受到冷漠或傲慢的态度。微笑是国际通行的友善和热情的象征，一个自然、真诚的微笑能迅速拉近与游客的距离，使游客感受到热情和友善，同时能缓解游客可能存在的紧张情绪。此外，微笑还能展现服务人员的自信和愉快，从而为整个服务过程创造一个正向、积极的氛围。

（二）态度诚恳

诚恳是建立信任和良好关系的基石。在与游客交流时，诚恳的态度能够展现出服务人员的专业和尊重。耐心倾听游客的需求和问题，细致而全面地为游客解答，以及和颜悦色的面部表情和清晰悦耳的声音，都是传递尊重和关怀的重要方式。诚恳的态度也能帮助服务人员更好地理解游客的需求，从而提供更精准、更满意的服务。同时，诚恳的态度能够帮助景区建立和维护与游客之间的良好关系，为景区的长期发展积累良好的口碑。

（三）表情自然

表情是交流中不可忽视的重要元素，能够直接影响交流的效果和质量。自然大方的表情能够展现出开放和友善的态度，适宜的眼神交流则能显示出尊重和专注。避免不适宜的小动作和不恰当的身体语言，避免传递负面的信息，同时也能展现出服务人员的专业程度。可见，为游客

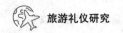

提供舒适、愉悦的交流体验，是提高游客满意度和忠诚度的重要途径。

（四）姿态得体

在服务过程中，得体的姿态能够传递出尊重和专业的信息。保持适当的距离可以显示尊重游客的个人空间，避免产生不适或冒犯。服务人员使用正确的身体语言能够增强交流的效果，如避免用手指指点、保持开放的姿态等，能够显示出友善、尊重和开放的态度。得体的姿态也是展现服务人员专业素养和景区服务质量的重要体现，能够为游客提供专业、高质量的服务体验。

第三节　景区服务人员的语言修养

作为人类社会交往的基础工具，语言承担着连接个体心灵、传递思想情感和日常行为的重要角色。在社会交往的广泛背景下，良好的语言表达能力不仅促进了双方的理解和沟通，还具有消除误解、化解潜在矛盾的功能。对旅游景区服务人员来说，其工作性质和服务对象的多元性使得他们每天都需要与不同背景、不同需求的人群交往，而每一项工作的顺利完成和每一件事务的妥善处理，都离不开语言沟通的媒介作用。因此，语言修养不仅是衡量旅游景区服务人员职业素质的重要标准，也是保障服务质量和提升游客满意度的关键。

在旅游景区的服务场景中，语言修养的重要性更为突出。语言的准确性和清晰度是保证信息准确传递的基础，可以有效避免由于沟通不准确而产生的误解和不满。同时，礼貌和友善的语言表达能够为游客提供愉快的服务体验，增强游客对旅游景区的信任度。另外，旅游景区服务人员的语言修养也体现了旅游景区的整体服务水平和品牌形象，对于塑造景区的良好公共关系和长期发展具有推动作用。

高水准的语言修养还能助力旅游景区服务人员更好地应对突发情况和处理各类问题。通过有效的语言沟通,服务人员能够快速理解游客的需求和问题,提供合适的解决方案,从而提高游客对景区旅游体验的满意度。语言修养也是服务人员个人职业发展的重要素质,通过提高语言修养,服务人员能够在日常工作中不断提升自身的服务水平和职业素质,为提高旅游景区的整体服务质量贡献力量。

一、景区服务礼貌用语

在旅游景区服务领域,礼貌用语的运用是极为重要的,它不仅是对客人基本尊重的表达,也是展现景区专业服务水准的重要方式。通过遵循以宾客为中心的服务原则,景区服务人员能够运用适当的礼貌用语,给游客带来友好、尊重和专业的服务体验。

(一)问候语的重要性

问候语是服务人员与游客建立初步交流和联系的重要手段。它不仅是礼貌和尊重的表现,也是开启友好交流的关键。通过适时和得体的问候,服务人员能够迅速拉近与游客的距离,为后续的服务工作奠定良好的基础。

(二)问候语的选择与运用

1.初次见面时的问候

在初次与游客见面时,标准和友善的问候是非常重要的。通常应以"您好"为开头,显示基本的尊重和友善,接着通过欢迎语,如"欢迎您到××景区",传递景区的欢迎和接纳,同时展现景区的友好和开放。

2.时间段的问候

根据不同的时间段,选择相应的问候语是服务人员礼貌和专业的表现。例如，在早晨使用"早上好"，中午使用"中午好"，以及晚上使用"晚上好"，这样的细节体现了服务人员的细心和专业，同时让游客感受到被重视和尊重。

3. 服务过程中的问候

在服务过程中，适时的询问和关心是必要的。通过使用"您需要帮忙吗"或"您有什么需要"等问候语，服务人员能够及时了解和满足游客的需求，同时展现景区的专业服务和以宾客为中心的服务原则。

（三）应答语

应答语在旅游景区服务人员与游客的交流中占据核心地位，它不仅是礼貌规范的体现，还是语言表达技巧的展现。不同性质的问题和场景需要采用不同的表达方式，以确保信息的准确传递和游客的满意度。

（1）对前来咨询的游客，在游客发言之前，应采取友好、积极的姿态，主动问候并询问是否需要帮助。例如："您好，您需要帮忙吗？"这种开场白展现了服务人员的热情和主动性，为后续的交流奠定了良好的基础。

（2）在接受游客的指令或请求时，应明确表示理解和接受。例如："好的，我明白了。"这种回应为游客提供了明确的反馈，增强了沟通的效果。

（3）若未能清楚听到或理解游客的话语，应礼貌地请求游客重复。例如："对不起，麻烦您再说一遍。"这种表达既体现了尊重，也展现了服务人员的谦逊和责任心。

（4）在不能立即回答游客问题时，应明确告知游客需要稍等，并表达歉意。例如："对不起，请您稍等一下。"这种回应避免了游客的焦虑，也为服务人员争取了处理问题的时间。

（5）对等候的游客，应表达歉意和谢意。例如："对不起，让您久等了。"这种表达体现了服务人员的责任感。

（6）当游客表示感谢时，应谦逊地回应。例如："别客气，这是我应该做的。"这种回应展现了服务人员的职业道德和礼貌。

（7）当游客因误解而致歉时，应诚恳地安慰游客。例如："没关系，这算不了什么。"这种回应有助于消除游客的尴尬和不安。

（8）受到游客诚恳赞扬时，应谦逊地回应。例如："谢谢，您过奖了。"这种回应体现了服务人员的谦逊。

（9）面对游客的无理或过分要求，应以礼貌但坚定的态度回应。例如："很抱歉，我们没有这种做法。""哎呀，我也特想满足您的这种要求，但是我不能这么做。"这种回应既保护了景区的规则和政策，也体现了服务人员的诚恳和对游客的尊重。

通过这些应答语的设计和使用，旅游景区服务人员能够在与游客的交流中展现高度的专业素质和良好的语言表达能力，为提高游客的满意度和景区的服务质量提供有力支持。

二、景区环境语言礼仪

（一）停车场服务

1.安全指示与规范执行

服务人员应当以礼貌、明确的方式引导客户将车辆停放在安全指定的区域。例如："对不起，请您将车辆停在安全线外。"这既确保了停车场的安全秩序，又表达了对客户的尊重和关心。

2.费用清晰与透明

在收费时，服务人员需清楚告知客户费用，并提供相应的发票，同时说明收费依据，以展现服务的透明性与合规性。例如："请交费 × 元，这是您的停车发票。我们的收费是根据 ×× 物价局 × 号文收取的。"

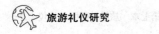

3.热情告别

在客户离开时，服务人员应表达感谢和祝福，以传递友好和热情，如"谢谢，欢迎下次再来，一路顺风"。

（二）接待客人时的用语

1.热情问候

无论何时，服务人员先要向客人表示热烈的欢迎和友好的问候。例如："您好，欢迎光临××景区。"

2.主动服务

表达愿意为客人服务的意愿。例如："您好，我能帮您什么忙吗？"

3.详细介绍

为客人提供景区的基本信息和推荐，同时提供额外的服务选项。例如："您好，我来为您简单介绍一下××景区吧……请问你们几位？……如果请一位导游的话，您的旅程会非常轻松愉快……"

4.清晰引导

在客人需要购票、出示相关证件或填写信息时，服务人员应提供清晰的指示和帮助。例如："请您按秩序排队购票，谢谢您的合作。""请出示您的介绍信，谢谢。""请这样填写介绍信……这是您的贵宾门票×张，请您点清收好。"

5.专业和应对

针对客人的特殊需求和问题，服务人员应表现出专业和负责的态度。例如："您提的意见，我一定向领导反映，谢谢您！""对不起，这个问题我现在无法回答，让我了解清楚再告诉您，请留下您的联系方式。"

6.友好告别

"别客气，这是我应该做的。"这种回应展现了服务人员的职业道德和礼貌。

（三）售票服务

1. 问候与需求识别

服务人员的热情问候和准确的需求识别是售票服务的开端。例如："您好，请问您需要购买几位游客的门票？我们的票价设置……景区内的主要活动……"通过这种方式，可以快速了解游客的需求并为其提供相关信息。

2. 优惠政策的说明

服务人员需明确告知游客景区的优惠政策，并为符合条件的游客提供相应的指导。例如："我们的优惠政策……您的证件符合免票规定，请您到接待处兑换贵宾票，谢谢。"

3. 耐心等候的提示

在高峰时段或遇到特殊情况时，服务人员需告知游客稍等，并安排相关人员为其解释或处理。例如："对不起，请稍等，我请接待人员给您解释。""请稍等，我马上给您办理。"

4. 准确交款与找零

服务人员应确保交易的准确无误，并礼貌地将门票和零钱交给游客。例如："您好，这是找您的零钱 ×× 元，门票 × 张，请您点清收好。"

5. 退票问题的处理

对退票等特殊请求，服务人员需按照景区的规定处理，并在必要时向上级汇报。例如："对不起，门票一旦售出，我们就没办法给您办理退票……您的情况比较特殊，请稍等，我马上向领导汇报，我会尽可能地帮您解决这个问题。"

6. 感谢与回应

服务人员应对游客的感谢和建议表示回应，展现景区的客户导向和服务精神。例如："别客气，这是我们应该做的。""您的建议很好，我们

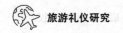

一定尽力去做，谢谢。"

售票服务是游客进入景区的第一道门槛，也是服务质量的重要体现。专业、礼貌和高效的售票服务，不仅能为游客提供愉快的购票体验，也能为景区积累良好的口碑和信誉。售票服务人员的专业知识和处理能力也是对游客提出的各种问题和需求进行准确、及时处理的关键，为游客的满意度和景区的长期发展奠定了基础。

（四）电瓶车服务

电瓶车作为旅游景区内的重要交通工具，可为游客提供便捷的移动方式，同时是景区环保、高效运营的体现。

1.收费明确

在提供电瓶车服务时，明确的收费标准是基础。例如"我们的收费标准……是根据××物价局×号文收取的。"这种表述方式可以消除游客对价格的疑虑，同时为景区的正规运营提供依据。

2.友好欢迎

在游客上车时，友好的欢迎语如"您好，欢迎乘坐环保观光车，请您坐稳，注意安全"，不仅展现了服务人员的热情，也传递了对游客安全的关心。

3.安全提示

在接近景点时，明确的安全提示是必不可少的。例如："马上到第一处景点，请您在车停稳后下车，注意安全。"这种提示能够帮助游客在享受服务的同时，确保个人安全。

4.结账与感谢

在服务结束时，清晰的费用结算和感谢语如"请交费×元，这是您的车票。谢谢，欢迎下次再来，祝您一路顺风"，不仅使收费过程透明，也表达了对游客的感谢和祝福。

电瓶车服务中的用语和处理方式直接影响着游客的服务体验和景区的整体形象。规范的服务流程和礼貌、专业的用语能够提升游客的满意度，同时是景区高效、规范运营的重要体现。在实际运营中，景区应注重对服务人员的培训和指导，确保电瓶车服务的专业性和友好性，为游客提供愉快、安全的旅游体验。

（五）验票服务

验票服务是旅游景区运营中不可或缺的一环，它直接关联景区的收入和游客的体验。在验票服务中，准确、礼貌和高效是服务质量的重要指标。

1. 友好问候

开场的友好问候，如"您好，请出示您的门票，谢谢您的配合"，能够为后续的服务流程创造积极、友好的氛围。

2. 清晰指示

提供明确的指示，如"这是您的门票 × 张，请您拿好，以便下面的景点验票，请走这边，祝您玩得愉快"，能够帮助游客理解接下来的流程，同时传达了良好的祝愿。

3. 准确核对

准确核对游客的门票数量和人数，如"对不起，你们是 × 位客人，您的门票是 × 张，您还需要补 × 张门票，谢谢您的配合"，能够确保验票的准确性，避免后续的问题和纠纷。

4. 礼貌提醒

对未购票的游客，礼貌提醒如"对不起，您可能是忘记买票了吧，请到这边补票好吗"，能够帮助游客理解情况，同时保持服务的友好和礼貌。

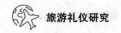

5. 积极反馈

对游客的批评和建议，服务人员应采取积极的态度。例如："这是我们工作的疏漏，十分感谢您提出的批评。""您的建议很好，我们一定尽力去做，谢谢。"这种开放、积极的态度能够提升服务质量，增加游客的满意度。

6. 安全提醒

必要时，服务人员应提醒游客注意安全。例如："为了您和他人的游览安全，请不要……"这种提醒既体现了对游客的关心，也符合景区的安全管理要求。

7. 明确规定

对不符合免票规定的情况，服务人员应明确告知游客。例如："对不起，您的证件不符合免票规定，请到售票处补票，谢谢合作。"这种表述方式既明确又礼貌，有助于避免误解和纠纷。

规范、礼貌和高效的验票服务能够为游客提供顺畅、愉快的入园体验，同时是景区正规、有序运营的重要保障。在实际运营中，景区应重视对服务人员的培训和指导，确保验票服务的专业性和友好性，为提升景区的整体服务质量和游客的满意度提供支持。

（六）电话咨询服务

电话咨询服务是景区与潜在游客的重要接触点，其可以为游客提供基本的景区信息、票务咨询和其他相关服务。

1. 自我介绍与询问需求

"您好，××景区营销部。我是×××（×号），请问有什么需要帮忙的吗？"这样的开场白为游客提供了明确的信息来源，并主动询问了游客的需求，展现了服务人员的专业性和主动性。

2.提供信息

在了解了游客的需求后，服务人员应提供相关的信息，如"我们的票价设置……我们的优惠政策……"，以帮助游客了解景区的基本情况，为其做出游览决策提供参考。

3.感谢表达

"谢谢您的来电"或"不用谢，这是我们应该做的"是对游客关注和咨询的积极回应，能够让游客感受到被重视和尊重。

（七）面见或电话投诉服务

在处理投诉时，服务人员应采取积极、尊重和专业的态度，为游客提供满意的解决方案。

1.感谢反馈

对游客的反馈和投诉，服务人员应表达感谢。例如："感谢您打电话给××景区，您的意见很宝贵。"这种积极的态度能够让游客感到被重视和尊重。

2.道歉和解决

对游客遇到的问题和不满，服务人员应及时道歉，并提供解决方案。例如："非常抱歉让您碰到这样的麻烦……""由于我们工作上的过失，给您带来了麻烦，对不起。"

3.采纳建议

对游客的建议，服务人员应采纳并表达感谢，如"您的建议很好，我们一定尽力去做，谢谢"。

（八）导游服务

导游服务是旅游景区为游客提供导览和解说的重要服务。在导游服务中，专业、友好和有责任心的态度是基本要求。

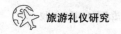

1. 专业介绍

在开始服务时，导游应明确身份和职责。例如："大家好，我是 ×× 景区导游 ×××，欢迎您到 ×× 景区参观游览，很高兴能为您提供讲解服务。"

2. 安全提醒

必要时，导游应提醒游客注意安全。例如："××× 景点到了，请拿好您的贵重物品，下车注意安全。"

3. 友好互动

在服务过程中，导游应保持友好和开放的态度。例如："谢谢您的鼓励，我们做得还不够好，请多提宝贵意见。""谢谢您，欢迎再来 ×× 景区，再见，慢走。"

三、景区从业人员服务忌语

在景区服务过程中，从业人员的用语直接反映了其职业素质和景区的服务水平，对于塑造景区的正面形象及提升游客的满意度具有重要影响。然而，一些不当的服务用语，即所谓的"服务忌语"，可能会造成游客的不满，进而影响景区的口碑。

（一）知识性忌语

"不知道""我不是为你一个人服务的""你问的事我不清楚"等，这类忌语显示了服务人员的知识储备不足或不愿提供帮助，可能会让游客感受到信息获取困难和服务态度不友好。

（二）否定性忌语

"这不可能""这不是我们的责任""这个问题我解决不了"等，这类忌语传递了一种否定和逃避责任的态度，可能会降低游客对景区的信任度和满意度。

（三）冷漠性忌语

"随你的便""你先等一下""后边等着，挤什么"等，这类忌语流露出服务人员的冷漠和不关心，可能会让游客感到被忽视和不重要。

（四）嘲讽性忌语

"没看见游客须知吗""牌子上写得很明白，自己看""怎么不提前预备好，早干什么了"等，这类忌语含有嘲讽和责备的意味，可能让游客感到被侮辱和不愉快。

（五）不耐烦性忌语

"真讨厌，真烦人""不是告诉你了，怎么还问""你有完没完"等，这类忌语传达了服务人员的不耐烦和不专业，可能会使游客感到被冒犯。

（六）不专业性忌语

"我就这态度，怎么了""喂，找谁？他不在，这事不归我管""你在……之前先给我们打个电话，否则我们就下班了"等，这类忌语表现了服务人员的不专业和不负责任，可能会影响游客对景区服务的整体评价。

（七）规定性忌语

"这是规定，有意见，找领导去"等，此类忌语虽然表述了景区的规定，但方式过于生硬，缺乏解释和沟通，可能造成游客的反感。

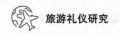

第四节　景区日常接待礼仪

一、景区售票服务礼仪

景区售票服务作为游客接触景区的初始环节，具有特殊的重要性。它不仅是游客获得景区访问权限的途径，更是游客形成对景区第一印象的关键。通过售票环节的服务质量和效率，游客能够初步感知和评估景区的服务水准和管理水平，进而影响其对景区的总体评价。

景区售票服务礼仪是游客体验的初始点，它涵盖了服务人员的主动性、礼貌性和告知义务，这三方面共同构成了售票服务礼仪的基本框架，也是影响游客第一印象及后续满意度的重要因素。

（一）积极主动服务的展现

景区售票服务礼仪体现在服务人员的积极主动性上。面对广泛多样的游客群体，服务人员应具备主动服务的意识，而非被动等待游客的询问。例如，在游客接近售票处时，服务人员应主动致意，询问游客的需求，为游客提供准确而及时的门票信息和购票指导。在此过程中，服务人员应确保使用清晰、规范的语言，如普通话，以保证信息的准确传递。面对游客的提问，服务人员应展现出耐心和友善，即便在面对游客的冲动或失礼时，也应保持克制，避免与游客产生不必要的冲突。同时，服务人员应具备收集和处理游客反馈的能力，及时向上级反映，以便景区管理层针对游客反馈做出相应的调整。

（二）礼貌待客、热情周到的表现

礼貌和热情是服务礼仪的核心要素。在售票过程中，服务人员应通过友善的态度和专业的服务流程，为游客提供愉快的购票体验。具体来说，售票处应清晰展示门票价格和优惠政策，为游客提供明确而透明的购票信息。在交易过程中，服务人员应遵循"唱收唱付"原则，确保交易的准确和透明。双手呈递钱款与票据，体现了服务人员对游客的尊重和专业的服务态度。此外，对游客的特殊需求，如退换票等，服务人员应按照景区规定，耐心为游客处理，并提供清晰的解释和指导，以求达到游客的满意。

（三）履行告知与提醒义务的实现

告知与提醒是服务人员的基本义务，也是提高游客满意度的重要手段。服务人员应主动向游客提供必要的景区信息和提示，帮助游客规划游览行程，避免可能的不便和风险。例如，在闭园前一小时，服务人员应提醒游客注意闭园时间，以及可能影响游览体验的其他重要信息。在特定的景区，如高山、水域等，服务人员应特别强调安全注意事项，确保游客的安全。同时，服务人员应提醒游客注意景区内各场馆的表演时间和活动安排，帮助游客合理安排游览次序，最大限度地提高游客的游览满意度。

二、景区排队验票服务礼仪

排队验票构成景区日常接待工作的一环，服务人员往往可能因长时间的简单重复动作而显得疲惫，在旅游旺季，服务人员还需考虑大量游客涌入景区带来的整体服务压力与服务质量的平衡问题，因此当旅游团大量进入景区时，他们更需专注保持礼仪水准。

（一）精神面貌与着装

景区验票岗位的工作人员应保持良好的工作状态，精神饱满，面带微笑。在游客进入景区时，应采用标准普通话及礼貌用语，配合双手接收或递送票据，同时运用欢迎引领的手势等。这不仅展现了验票人员的专业素养和友好态度，也为游客提供了良好的入园体验，为其后续的游览活动奠定了积极向上的心理基础。着装整洁、得体也是展现验票人员专业态度的重要方面，能够传递出景区对服务质量和游客体验的重视，同时是景区形象的重要体现。通过维持专业的精神面貌和着装，验票人员能为景区创造一个积极、友好和专业的第一印象，进一步提升游客的满意度和景区的整体服务水准。

（二）表达问候与欢迎意愿

问候语言的运用在往昔的景区接待中不容忽视，一句亲切的问候语或祝福语能为拜访景区的游客留下深刻的印象和美好的回忆。例如："先生/女士，您好！请拿好您的票。欢迎光临××景区，祝您旅途愉快！"当游客离开时也送上邀请："期待您的下次光临。"通过这种方式，游客体验到的不仅仅是优美的自然风光或新奇的科技展馆，更有情感的增值服务。这种人性化的交流使游客感受到了景区的热情与友好，也可能使他们产生再次光临的愿望。同时，它能在某种程度上塑造景区的良好口碑，为景区的长期发展奠定良好的社会基础。

（三）效率与准确

随着电子售票和电子检票设备的应用，旅游景区的票务效率得到显著提升，特别是在人流量较大的时刻，能够快速、准确地完成售票和验票操作，大大降低了游客的等待时间，提升了景区的接待效率。然而，高效的电子设备并不能完全替代人工服务，特别是在表达礼貌和友好态度方面。尽管电子设备能够提升效率，但旅游者对景区的总体服务评价终归依赖人的服务。在追求效率的同时，服务人员不应忽视礼貌礼节。为了进一步提高检票效率，还可考虑在旅游旺季时设立专门的团队入口，同时确保残疾人通道的畅通，从而在提高效率的同时，保持服务的人性化和礼貌，确保旅游者在景区的良好体验。

（四）协助与答疑

在景区的入口处，服务人员扮演着协助与答疑的重要角色，特别是对需要额外关照和帮助的残疾人或老人。在这些游客进入景区时，服务人员应当积极提供必要的协助，如推轮椅、提供导引等，以确保他们能够顺利、安全地进入景区。在家庭成员进入景区时，服务人员应有意识地注意儿童的动向，防止因儿童的奔跑、跨越验票栅栏等不安全行为导致的意外伤害。

除了为游客提供物理层面的协助，服务人员还需为游客提供信息服务。对有疑问或需要帮助的游客，服务人员应耐心聆听其问题，并提供准确、及时的回答。如果遇到需要较长时间解答的问题，服务人员应及时请来辅助人员或将游客引至服务中心，以免影响验票效率，同时确保游客能得到满意的答复。通过这种方式，景区服务人员不仅能够展现出专业和友善的服务态度，还能为游客提供舒适、愉快的游览体验。

（五）禁止行为

景区服务人员的行为直接影响着游客的体验和景区的整体形象。在工作时间，服务人员应避免进行非工作相关的互动，如互相攀谈、嬉笑打闹或讨论游客的个人外貌、穿着打扮等。服务人员应禁止吃东西、嚼口香糖等不文明行为，以展现专业、认真的工作态度。对遇到的漏票或持无效证件的游客，服务人员应礼貌、耐心地解释情况，说明证件无效的原因，并引导游客重新购票。这种友善、专业的沟通能够减少可能出现的冲突，同时提高游客的满意度。

若遭遇闹事或滋事的游客，服务人员应保持冷静，及时、礼貌地进行制止。如果无法即时解决问题，服务人员应立即报告给相关部门，以确保景区的正常运营和游客的安全。在任何情况下，服务人员都应避免在游客面前发生争执或冲突，以免引发景区内的秩序混乱，影响游客的游览体验和景区的正常运营。

三、景区咨询服务礼仪

（一）景区客服中心接待礼仪

（1）旅游景区咨询服务人员应具备系统、全面、扎实的旅游综合知识，以便在游客询问关于本地及周边景区的情况时，能够为其提供耐心、详细的答复和游览指导。对游客的各种疑问和需求，服务人员应给予充分的关注和准确的解答，通过提供专业的指导和建议，增加游客的满意度，为其打造愉悦的旅游体验。

（2）在面对游客咨询时，服务人员的态度应当友善而真诚。面带微笑，双目平视对方，全神贯注地倾听，这不仅能够显示诚意和专业度，也是对游客基本礼貌的展现。通过集中精力，服务人员能够准确理解游客的需求，为其提供准确、及时的帮助。

（3）答复游客的问询时，言辞应当简明、得体，避免敷衍或夸张。对每一个问题都应当认真、准确地回答，以展现专业与负责的态度。避免使用偏激或过于夸张的论调，以保持信息的准确性和中立性。

（4）在接听投诉或咨询电话时，应以热情、亲切、耐心和礼貌的态度应对，先报上姓名或景区名称，使用敬语，并确保通话内容的清晰、准确。通话结束时，要确认对方先收线后再挂断电话，以展现基本的礼貌和职业素养。

（5）对暂时无法解答的问题，服务人员应当向游客说明情况，并表示歉意，避免简单地说"我不知道"等可能让游客感到失望或不满的用语。服务人员可以向游客提供其他的解决方案或建议，如转介至其他能够解答问题的部门或人员，以确保游客得到满意的服务和帮助。

（二）电话接待礼仪

1. 接听电话前

（1）应预备好笔和纸，以便记录重要信息，避免在对方需要留言时让其等待，这体现了基本的职业素养和对客户的尊重。

（2）在接听电话时，应停止所有不必要的动作，全心全意地聆听和回应，以避免给对方造成分心或不专业的印象。

（3）保持正确的姿势，以防电话意外滑落可能造成的刺耳声或无礼的印象，这对客户来说是不愉快的。

（4）带着微笑迅速接起电话，使对方感受到热情和专注，为建立良好的第一印象奠定基础。

2. 接听电话

（1）应在响铃三声内接听电话，展现高效和专业。同时，注意语调、速度和措辞，以友好、热情和礼貌的态度回应，避免任何可能让对方感到不受欢迎的语言或行为。

（2）主动问候，明确报出部门及个人身份，使对方明了与谁交谈。

（3）询问对方身份时，应礼貌地提问，避免唐突或冒昧，展现出尊重和礼貌。

（4）如需让对方等待或搁置电话时，应明确告知并表示歉意。每隔一段时间确认对方是否愿意继续等待，以展现关心和尊重。

（5）转接电话应迅速并清晰，同时让对方明了被转接至何处。每位员工应努力自行解决问题，展现出责任心和能力。

（6）对方需要帮助时，应尽全力提供所需的帮助和信息，展现出专

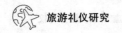

业性和解决问题的能力。

3.挂电话前

感谢对方的来电,并礼貌地结束通话。在通话结束时,应积极地表达感谢,待对方先挂电话,确保以礼貌和尊重的方式结束每次通话。

(三)客服中心面谈礼仪

在景区的客服中心,面谈礼仪展现了服务人员的专业素养和景区的服务质量。对前来造访的旅游者,接待人员的行为与互动构成了游客对景区服务质量的直接感受。在接待过程中,站立起身、使用"您好""请进""请坐"等礼貌性语言是基本的礼貌表现,这展现了接待人员对来访者的尊重和欢迎。为来访者倒茶水等是对游客的基本款待,也能在一定程度上缓解游客的紧张或疲劳,为接下来的交流创造一个友好、舒适的环境。

对熟悉的客人,适当寒暄可以缓和氛围,促进双方的交流,而对外国旅游者,使用英语接待并及时解决其主要问题是基本的服务要求,也是展现景区国际化服务水准的重要方式。对初次来访的旅游者,接待人员需要采取一定的接待技巧,通过交流弄清楚对方的单位、身份和来意,为提供准确服务打下基础。

对涉及重大问题的接待,查验对方的身份证件是必要的,这不仅是对景区和游客安全的保障,也是对事实情况的明确。在接待过程中,应对客人的陈述做必要的记录,以确保信息准确无误。对来访者的合理愿望和要求,应给予明确的答复,以展现景区解决问题的能力和对客户的关心。不合理或不便马上答复的请求,应委婉推辞或进行必要的推托,以保持服务的专业和礼貌。对需请示领导解决的问题,应事先与主管领导研究,做好安排,确保问题得以妥善解决。

在问题解答或解决后,热情送行和表示欢迎再来,不仅展现了接待人员对游客的感谢和尊重，也为未来的再次交流和合作留下可能。保留相互的联系方式为游客再次问询提供了便利，也为景区和游客之间建立长期良好的关系打下了基础。通过这样的面谈礼仪，景区客服中心的接待人员不仅能为游客提供高效和专业的服务，也能给游客留下良好的印象。

四、景区投诉处理服务礼仪

在旅游景区，投诉处理服务礼仪展现了景区对游客需求和满意度的重视，也是景区服务质量的重要体现。作为服务行业的一环，旅游景区在受理客户投诉方面的表现直接影响了其优质服务的展现。投诉不仅影响到旅游景区的经济效益，还关系到旅游景区的社会形象。有效减少客户投诉和成功地处理投诉不仅可以树立景区的良好形象，也有利于不断开拓客源市场。

当景区接到投诉时，应准确记录投诉人的姓名和投诉事由，并按相应格式填写景区的旅游投诉登记表。在具体受理投诉时，应先倾听游客的诉求，为游客提供一个发泄的渠道。在此基础上，以真诚的态度向游客道歉，表明景区对投诉的重视和对游客不愉快经历的理解。随后，收集与投诉相关的信息，为找出问题的症结和提出解决办法提供数据支持。在了解清楚投诉的情况后，提出解决的办法，尽可能地消除或减轻投诉所涉及的问题对游客的影响。如果游客对提出的解决办法仍不满意，应主动询问他们的意见，通过协商找到双方都能接受的解决方案。在解决投诉后，做好后续的跟踪服务，确保游客的需求得到满足，投诉得到妥善解决。

善后工作处理是投诉处理服务的重要环节，包括但不限于对解决投诉过程的总结、对可能存在的服务问题的改进和对投诉处理效果的评估。通过全面而细致的投诉处理服务，旅游景区不仅能够解决游客当前的问

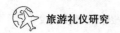

题，也能从投诉中学习和改进，为提升未来的服务质量和景区的整体形象打下坚实的基础。

（一）把握正确的投诉处理原则

在旅游景区，妥善处理游客投诉是塑造良好景区形象和提升服务质量的重要手段。投诉处理原则的核心是以游客为中心，确保其得到满意的解答和服务。景区工作人员应将游客的投诉视为建立诚信、提高服务质量的契机。在受理投诉时，受理人员的着装整洁、举止文明、态度热情是基础，这不仅展现了景区的专业度，也是对投诉者的尊重。对能够现场解决的投诉，应及时解决并给予投诉者明确的答复。若受理者不能解决的，应及时上报景区负责人，并在得知处理结果后及时通知投诉者，同时注意收集投诉者的反馈意见，对投诉事件进行科学分析，以便及时改进服务，提升服务质量。

在处理投诉时，景区服务人员应采取"换位思考"的方式去理解投诉者的心情和处境，满怀诚意地帮助其解决问题。绝不能拒绝受理投诉或与投诉者发生争吵，这样不仅会对景区形象造成负面影响，也违背了服务行业的基本原则。接待投诉者时，景区服务人员应注意礼仪和礼貌，本着实事求是的原则处理问题，避免与投诉者争辩，既要尊重投诉者的意见，又要维护景区的利益，确保双方都能得到公正公平的处理。

为了让游客能够方便快捷地提出投诉，景区应设立专用的投诉电话，并在景区的明显位置，如售票处、游客中心和门票等处标明投诉电话号码。同时，应确保有专人值守投诉电话，以便能够及时受理游客的投诉。通过这种方式，景区不仅为游客提供了便利的投诉渠道，也为自身的服务质量提升和形象塑造提供了有力的支持。

（二）投诉处理要领

投诉处理在旅游景区的运营管理中占据着至关重要的位置，其目的在于通过对客人投诉的妥善处理，发现并改正景区服务和管理中的不足，以提升客人的满意度和景区的社会形象。在投诉处理过程中，以下几个要领值得重视。

1. 把握处理投诉的最佳时间

投诉处理时间的把握对处理效果具有直接影响。迅速响应不仅能够为处理投诉赢得先机，也能让客人感受到景区管理方对其意见的重视，为后续处理打下良好的基础。延误处理时间可能会导致投诉升级或者产生额外的投诉，进而影响景区的运营和声誉。

2. 真心诚意地帮助客人解决问题

客人的投诉往往反映出景区的服务和管理中存在的问题。服务人员应理解客人的心情，同情其处境，并满怀诚意地协助客人解决问题。只有真诚地帮助客人解决问题，才能赢得客人的好感和信任，也有助于问题的快速解决。

3. 不与客人争辩或争吵

面对怒气冲冲的投诉客人，服务人员应保持冷静，认真倾听其诉求，并避免打断或做无谓的解释。即使客人错了，也应给予理解和尊重。在必要时，可以请管理人员介入处理，以确保问题得到妥善解决而不影响景区的形象和客人的满意度。

4. 不损害景区的利益

在处理投诉时，服务人员应保持客观公正的态度，避免推卸责任或随意贬低他人，以免陷入自相矛盾的困境。在解决客人"求补偿"的问题时，应着重提供合适的旅游产品或服务，避免以现金作为处理投诉的筹码，以保护景区的利益和维持其良好的运营秩序。

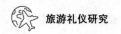

第五节　景区其他服务规范

一、景区导游（讲解员）服务规范

景区导游（讲解员）服务规范体现了旅游景区对提升游客体验和保障游客权益的重视。以下几点是景区导游（讲解员）在提供服务时需遵守的基本原则和规范。

（一）资格认证

为保证讲解服务的专业性和准确性，景区导游（讲解员）需满足相关规定和要求，通过必要的培训和考核，取得相应的导游（讲解员）资格证书，方能从事此项工作。这一规定旨在通过正规的培训和认证流程，确保导游（讲解员）具备必要的知识和能力，为游客提供高质量的讲解服务。

（二）服务热情

景区导游（讲解员）需保持高度的服务热情和专业的工作态度，确保其处于良好的工作状态，以满足游客的需求和期望。这包括礼貌待客、微笑服务以及热情主动地提供帮助，为游客创造愉快的游览体验。

（三）尊重与倾听

尊重游客的意见和需求是景区导游（讲解员）服务的基本原则。通过倾听游客的意见和需求，并在合理而可能的情况下尽力满足游客的要求，可以提升游客的满意度，同时有助于改善讲解服务的质量。

（四）服务流程规范

景区导游（讲解员）需严格按照景区确定的游览线路和游览内容进行讲解服务，确保服务的完整性和连贯性。不得擅自减少服务项目或终止讲解服务，以免影响游客的游览体验和景区的服务质量。

（五）真实说明与警示

在讲解服务中，如遇涉嫌欺诈经营的行为或可能危及游客人身、财产安全的情况，景区导游（讲解员）应及时向游客做出真实的说明或明确的警示，以保护游客的合法权益，维护景区的良好社会形象。

（六）公正诚信

景区导游（讲解员）需遵循公正、诚信的原则，不得向游客兜售物品，索要小费或欺骗、胁迫游客消费。这一规定旨在防止不正当的商业行为，保障游客的消费权益，维护景区的良好运营秩序和社会信誉。

二、旅游景区商业人员服务规范

（一）景区服务人员娱乐服务

景区服务人员在娱乐服务方面的职责尤为重要，其包括对娱乐设施和设备的检查、维护和保养，以及在服务过程中确保游客安全。每日上岗前的设施设备检查是为了确保其处于良好的使用状态，从而最大限度地减少可能对游客造成伤害的风险。定期维护和保养不仅能延长设施设备的使用寿命，更是对游客安全的重要保障。此外，景区娱乐服务人员应具备良好的职业道德和文明素质，这不仅体现在其对游客的热情服务上，也体现在其面对突发情况时能保持冷静、妥善处理的心理素质上。娱乐服务人员的技能和技术也不容忽视，娴熟的操作技能能进一步确保游客的安全和娱乐体验。

在实际服务中，向游客提供安全须知的提示和帮助游客采取必要的安全措施是娱乐服务的基本要求。只有在确认安全无误后，才能启动娱乐设施，避免可能的安全事故。同时，对不遵守安全规定的游客，景区服务人员应有耐心地说明违反规定的可能后果，引导游客遵守安全规则，保障其自身和他人的安全。在遇到解决不了的问题时，及时上报和处理尤为重要，这不仅能及时解决问题，也是对游客负责的表现。

（二）景区服务人员购物服务

景区内的商品购物服务在增强游客体验和推广景区特色文化方面具有重要作用。服务人员的着装和仪容仪表是游客第一时间感受到的服务质量表现，整洁的着装和得体的仪容仪表能够给游客留下良好的第一印象，有利于营造和谐、友善的服务氛围。善于与客人沟通是服务人员必备的技能之一，良好的沟通能够帮助服务人员了解游客的需求，为游客提供定制化的服务，同时是传达景区文化和推介旅游商品的重要途径。

主动向游客介绍具有景区特色的旅游商品是推广景区文化和增加经营收入的有效手段。明码标价的方式可以避免价格欺诈行为，保障游客的消费权益，同时展现了景区的诚信和透明度。景区的购物市场有序管理，统一佩戴胸卡和亮照经营的规定能够为游客提供一个安全、诚信的购物环境，减少尾随兜售或强买强卖的现象。

（三）景区餐饮服务规范

景区餐饮服务是游客体验的重要组成部分，关系到游客的满意度和景区的整体评价。景区餐饮服务人员的文明礼貌和热情服务是提升服务质量的基础。微笑服务和耐心解答能够给游客留下良好的印象，营造友好、愉快的用餐氛围。个人仪表仪容和卫生整洁是服务人员专业性的体现，能够增强游客对景区餐饮服务的信任和满意度。

遵守国家的食品卫生法律和规定是保障游客食品安全的基础。景区应确保餐饮设施的卫生许可证、经营许可证和健康证齐全，严格控制食品质量，避免假冒伪劣商品和过期变质食物的出现，确保食品加工过程中无交叉污染。同时，景区应注重餐厅环境的整洁和舒适，采取有效的防蝇、防尘、防鼠和污水处理措施，为游客提供愉快的用餐体验。

食品的贮存和处理是保证食品安全和卫生的重要环节。景区应设置专用的冷藏、冷冻设施，确保餐具、饮具的清洁消毒，实行生熟食品分开贮存的规定，避免使用一次性不可降解餐具，以减少环境污染。景区餐饮的定价应公平合理，质价相称，同时应注重用餐氛围的营造，体现本地区或景区的饮食文化特色，为游客提供多元化的用餐选择。

严格执行服务规范和操作程序是提高服务效率和游客满意度的重要保障。景区服务人员应根据菜肴种类按顺序上菜，准确清楚地报上菜名，主动介绍饭菜特点，以提升游客的用餐体验。在客人离开时，服务人员应提醒客人带好随身物品，显示出对客人贴心的关怀。上述措施能够提升景区餐饮服务的专业性和游客的满意度，有利于提高景区的整体服务质量和市场竞争力。

（四）景区客房服务规范

景区内的宾馆客房服务是游客满意度的重要组成部分，关系到游客的住宿体验和景区的整体评价。宾馆客房的清洁整齐是基本要求，应保证各种设施和用具的消毒卫生，实行一客一换的原则，以保障游客的健康安全。同时，保持客房环境的宁静是为游客提供良好休息环境的重要条件，服务人员应做到走路轻、说话轻、操作轻，以免打扰到客人的休息。

安全是宾馆客房服务的重要内容，应确保客房的安全设施齐全可靠，加强防火、防盗措施，为游客提供安全可靠的住宿环境。服务人员的专业素质和服务态度直接影响到游客的满意度，未经客人允许，不得擅自进入客人房间，如需进入客人房间，应先敲门，经客人允许后方可进入，以显示对客人的尊重和礼貌。

　　真诚的服务是赢得游客好感和信任的关键。景区客房服务人员应以友善的微笑、真诚的话语和热情的服务态度面对每一位客人，主动问好，使客人获得宾至如归的体验。这种专业、细心、真诚和友好的服务，能够提升游客对景区宾馆客房服务的满意度，有利于提高景区的整体服务质量和市场竞争力，进而增强景区的吸引力和影响力。

第八章　旅游礼仪的创新发展

第一节　新兴旅游形态与礼仪需求

随着社会经济的发展和人民生活水平的提高，旅游业正经历一场前所未有的变革。新的旅游形态层出不穷，如生态旅游、共享旅游、个性化旅游、探险旅游等。这些新兴的旅游形态不仅改变了旅游业的传统运营模式，也对旅游礼仪提出了新的要求。

一、生态旅游

生态旅游是以有特色的生态环境为主要景观的旅游，具体而言，它是一种以可持续发展为理念，以保护生态环境为前提，以统筹人与自然和谐发展为准则，并依托良好的自然生态环境和独特的人文生态系统，采取生态友好方式，开展的生态体验、生态教育、生态认知并获得身心愉悦的旅游方式。

这种旅游方式要求旅游者在行动上贯彻环保理念，如不使用一次性产品、选择环保的出行方式（步行、骑行）等，尽可能减少对环境的负面影响。与此同时，旅游者在游览过程中，应尽量减少对旅游地生态系统的干扰，如不采摘植物、不捕捉动物、不在非指定区域游玩等。总之，旅游者必须在行动上实践环保理念，并以此作为参与生态旅游的基本礼仪和行为准则。

二、共享旅游

一些新兴短租等平台的兴起，丰富了旅游者的住宿选择。这种模式不仅为旅游者提供了更加多样化的选择，也对其行为提出了新的要求。

这些要求包括对他人私人空间的尊重、对房东规则的遵守，以及在公共区域保持良好的行为等方面。

有别于传统的酒店住宿，共享旅游中的住宿条件多是私人住宅。在这种环境下，旅游者在住宿空间的活动需要特别注意，不破坏房主的私人物品，如书籍、电子设备、私人收藏等。针对房主的个人生活空间，如卧室、卫生间等，除非有明确的许可，否则也应避免进入。另外，旅游者在公共区域的行为也有一定的礼仪要求，如遵守社区规定、保护公共设施，以此确保自己的行为不会对周围环境造成负面影响。

三、个性化旅游

作为旅游业新的发展形式，个性化旅游的消费群体主要是有稳定收入并有一定旅游经验的人，这类人比较讲究旅行的品质、旅途的舒适性以及旅游内容的个性化。而这种旅游形式也对旅游者提出了更为严格的要求，包括提高自我管理能力、遵守当地的相关规定等。

在个性化旅游中，旅游者的自我管理能力尤为重要。这主要体现在旅游者在此类旅游形式中，往往需要自我规划行程、处理交通食宿等各种问题。举例来说，在一次西藏自驾游中，旅游者不仅需要自己规划路线、确定旅行时间，还要对当地的高原气候、文化习俗有深入的了解，并据此安排行程。

遵守当地的相关规定也是个性化旅游中不可忽视的一部分。旅游者需要深入了解目的地的相关规定，避免对当地社会造成负面影响。比如，旅游者参观拉萨的大昭寺时，需要遵守寺庙内的各项规定，包括不随意拍摄、不大声喧哗等。

四、探险旅游

作为一种富有挑战性的旅游形态，探险旅游除了要求旅游者具备高度的安全意识，还要求他们尊重专业指导、遵守相关的安全规则等。

尊重专业指导对旅游者的安全至关重要。专业的导游或教练具有丰富的专业知识和经验，他们能够提供安全建议和实践指导。比如在攀登悬崖过程中，专业教练会教授旅游者正确使用装备、选择最佳的路线，以及在面对危险时如何做出正确的决策。旅游者需要谦虚学习，认真听取他们的指导，尊重他们的意见，这样既能最大化地确保自身的安全，又能获得更好的攀登体验。

遵守相关的安全规则同样不容忽视。旅游者需要在活动开始前充分了解这些规则，并在旅游过程中严格遵守相关的安全规则。这些规定能够在一定程度上保证旅游者的安全，也有助于提高整个活动的专业度。

第二节　数字化技术在旅游礼仪中的应用

一、旅游礼仪规范在数字平台的展示

当前，数字平台凭借其独特的优势成为展示礼仪规范的重要渠道。从实际应用看，礼仪规范在数字平台上的呈现更为直观和生动，极大地提升了传播效果。尤其数字平台上的互动学习环境更为学习者提供了一个实践礼仪规范的空间，如通过在线模拟实践、互动问答、角色扮演等形式，学习者可以将所学的礼仪规范知识应用到具体的实践活动中，通过实际操作来巩固和深化对礼仪规范的理解。这种互动学习方式不仅提高了学习者学习的趣味性，也使得学习者能够在实践中发现和解决问题，提升了学习效果。此外，数字平台上还能够根据学习者的表现，提供个性化的学习建议和辅导，帮助学习者更高效地掌握旅游礼仪规范。

二、人工智能与旅游礼仪的融合

随着科技的快速发展，人工智能已经逐渐融入旅游礼仪的学习和实践中，为传统的礼仪教育带来了突破。人工智能的应用不仅提高了学习者的学习效率，也使得礼仪教育更加个性化和互动。

在智能辅导方面，人工智能通过对用户学习行为和需求的分析，为其提供个性化的学习路径。一方面，人工智能可以根据学习者的学习效果，提供针对性的建议，帮助学习者更准确地把握旅游礼仪规范的要点，提升学习效果；另一方面，人工智能可以对大量的学习数据进行分析，发现学习者普遍存在的问题和不足，为教学内容和方法的优化提供依据，推动旅游礼仪教育的持续改进和发展。

三、虚拟现实与旅游礼仪的融合

在场景模拟方面，虚拟现实等技术的运用使得礼仪规范的学习更加生动和直观。学习者可以通过虚拟现实这一技术进入模拟的旅游场景中，切身体验和实践各种礼仪规范，从而将抽象的礼仪知识转化为具体的行动。这种沉浸式的学习方式不仅增强了学习者学习的趣味性，也使学习者能够在实际应用中深化对旅游礼仪规范的理解，提升实践能力。同时，虚拟现实能够根据学习者的表现实时给出反馈，帮助学习者及时发现和纠正错误，确保旅游礼仪规范得到正确的应用。

第三节 可持续旅游与社会责任的礼仪倡议

可持续旅游与社会责任的礼仪倡议旨在倡导旅游者在旅行中对环境、社会和文化负责，以推动旅游业的可持续发展。在当今世界，旅游业已成为全球经济的重要支柱，但也面临日益严峻的环境和社会挑战。

一、环境保护

环境保护是可持续旅游的重要方面。在旅游业蓬勃发展的背景下，旅游对环境的影响越来越大。因此，旅游者应积极采取措施，减少甚至避免对旅游地环境的负面影响。

（一）具备环保意识

环保意识是现代旅游者应具备的重要素质之一。通过环境保护教育，旅游者能够深刻了解旅行对环境可能产生的影响，并认识到自己在旅游过程中的责任。旅游者要积极了解旅游地的自然环境，具备环保意识，实践环保行为，不仅可以提升自身的文明素养，更能为保护地球的生态平衡做出积极的贡献。

（二）使用可持续交通工具

旅游过程中的交通方式对环境的影响不可忽视。传统的交通方式，如飞机、汽车等，会产生大量的二氧化碳和其他有害气体，对大气环境造成严重污染。而可持续交通工具的使用，可以有效减少这种污染。除了政府和企业通过优惠政策和技术创新，推动可持续交通工具的研发和普及，旅游者在旅游过程中应优先选择公共交通工具，尽量减少私家车

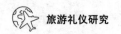

辆的使用。旅游者也可以选择步行、自行车、电动车等低碳出行方式，在享受旅行的同时，最大化地保护环境。

（三）保护旅游资源

旅游业的发展离不开丰富的自然资源和文化资源。在旅行过程中，旅游者应当充分尊重并保护旅游地的自然资源和文化资源。例如，在自然保护区，旅游者应当遵守规定的游览线路，不随意涉足禁区，不骚扰、捕捉野生动物，不破坏植被；在文化遗产区，旅游者应当保护历史文物，不乱涂乱画，不随意攀爬。

二、社会文化尊重

旅游过程中，旅游者与当地社区的互动是不可避免的。因此，尊重当地的社会文化规范和传统习俗是旅游者的重要责任。这不仅有助于营造和谐的社会氛围，减少文化冲突，也有助于保护和传承当地的文化遗产。

（一）尊重风俗文化

尊重社会规范是旅游者必须做到的事项。每个社区都有自己的生活方式，这些方式通常源自其长期的历史沉淀。在出行前，旅游者应该尽可能地获取这些信息，以便更好地融入当地生活，避免不必要的冲突。例如，一些社区对特定的着装、语言、饮食、行为方式等有特殊的要求，旅游者应提前了解并在旅游过程中对此保持尊重。这是因为不同的地方有不同的生活方式、价值观等，旅游者应尊重这些差异，而不是试图改变它们。

（二）尊重和保护文化遗产

文化遗产是一种无形的财富，它代表了一个社区的历史和文化身份。

在旅游过程中，保护文化遗产是每个旅游者的重要责任。旅游者不仅要避免对文化遗产的物理破坏，更应尊重其深厚的历史和文化价值，不随意触摸和拍照。另外，保护文化遗产不仅仅是保护其物理状态，更要保护其蕴含的历史和文化意义。游客应尊重当地的历史和文化传统，不能用主观视角去盲目评判这些遗产。

参考文献

[1] 舒伯阳，刘名俭. 旅游实用礼貌礼仪 [M]. 天津：南开大学出版社，2000.

[2] 谷玉芬. 旅游服务礼仪实训教程 [M]. 北京：旅游教育出版社，2009.

[3] 杨军，陶犁. 旅游公关礼仪 [M]. 昆明：云南大学出版社，2000.

[4] 李旭香，刘军华. 旅游服务礼仪 [M]. 北京：北京师范大学出版社，2011.

[5] 洪美玉. 旅游接待礼仪 [M]. 北京：人民邮电出版社，2006.

[6] 俞倩，王珂，祝思华. 旅游礼仪 [M]. 北京：北京理工大学出版社，2015.

[7] 金丽娟. 旅游礼仪 [M]. 天津：天津大学出版社，2011.

[8] 雷晶. 旅游礼仪 [M]. 武汉：武汉理工大学出版社，2010.

[9] 刘亚轩，王中雨. 旅游礼仪 [M]. 北京：中国商业出版社，2014.

[10] 李丽. 旅游礼仪 [M]. 北京：中国轻工业出版社，2012.

[11] 李晓阳. 旅游礼仪 [M]. 北京：旅游教育出版社，2011.

[12] 伍海琳，罗辉，唐永芳. 旅游礼仪 [M]. 长沙：湖南大学出版社，2017.

[13] 丁再献，丁蕾. 旅游礼仪 [M]. 北京：中国旅游出版社，2009.

[14] 杨红波. 旅游礼仪 [M]. 重庆：重庆大学出版社，2009.

[15] 蓝瑜. 旅游礼仪 [M]. 咸阳：西北农林科技大学出版社，2007.

[16] 杨晓平. 旅游礼仪 [M]. 北京：中国财政经济出版社，2005.

[17] 田莉. 旅游礼仪实务 [M]. 北京：中国铁道出版社，2017.

[18] 袁平. 旅游礼仪实务 [M]. 上海：上海交通大学出版社，2012.

[19] 艾建玲. 旅游礼仪教程 [M]. 长沙：湖南大学出版社，2006.

[20] 陆永庆，崔晓林. 现代旅游礼仪 [M]. 青岛：青岛出版社，2004.

[21] 周裕新. 现代旅游礼仪 [M]. 上海：同济大学出版社，2006.

[22] 张胜男. 旅游礼仪 [M]. 北京：高等教育出版社，2016.

[23] 韩梦梦. 高校旅游礼仪课程互动式教学模式的构建探究 [J]. 西部旅游，

2023（4）：80—82.

[24] 刘婷，李祖全.应用型人才视角下"旅游礼仪"课程教学改革探究[J].西部旅游，2022（8）：69—71.

[25] 姚启芳，程孝虎，张丽.高职旅游礼仪课程教学改革探索[J].安徽水利水电职业技术学院学报，2022，22（1）：75—78.

[26] 李小丽，贺宁蓉.基于学生满意度的旅游礼仪课程思政教学改革研究：以运城学院为例[J].运城学院学报，2021，39（2）：78—83.

[27] 李静，刘燕威.中国文化遗产在高职院校旅游礼仪教学中的渗透研究[J].中国多媒体与网络教学学报（中旬刊），2020（8）：111—113.

[28] 唐召英.基于"工作过程导向"理念的旅游礼仪教学：以酒店前厅接待礼仪为例[J].科学咨询（教育科研），2020（5）：41—42.

[29] 向以群.旅游礼仪在乡村旅游服务中的重要性：评《乡村旅游服务礼仪规范》[J].中国瓜菜，2020，33（1）：93.

[30] 穆兰，何珍.旅游礼仪服务预订APP可行性研究[J].农村经济与科技，2019，30（21）：115—116.

[31] 刘小蓉.高校旅游专业旅游礼仪课程教学改革探讨[J].国际公关，2019（10）：98.

[32] 李静，刘燕威.高职院校旅游礼仪课程职业素养融合研究[J].中国多媒体与网络教学学报（中旬刊），2019（9）：151—153.

[33] 陈丽宇.旅游专业礼仪课程教学的创新策略[J].度假旅游，2019（4）：115.

[34] 李婷.高职旅游礼仪实训课程教学问题及对策探讨[J].广东蚕业，2019，53（4）：115，117.

[35] 彭文喜.高职《旅游礼仪》课程改革实践探索[J].科技资讯，2019，17（9）：166—167.

[36] 李静，刘燕威.高校旅游礼仪课程互动式教学模式的构建研究[J].陕西

教育（高教），2019（3）：25—26.

[37] 彭宗兰．基于全真模拟文科实验室开展《旅游礼仪礼节》应用型教学
改革：以四川民族学院为例 [J]．产业与科技论坛，2019，18（4）：
179—181.

[38] 苟倩．旅游礼仪在旅游服务中的重要性研究 [J]．度假旅游，2018（11）：
151.

[39] 唐瑗彬，陈杨品．基于岗位能力导向的中本衔接一体化旅游礼仪教材
建设思考与实践 [J]．新疆职业教育研究，2018，9（3）：28—32.

[40] 高笛．项目导向式教学模式在旅游礼仪课程教学中的应用 [J]．科学咨询
（科技·管理），2018（9）：81.

[41] 曹景欣．旅游礼仪课程的项目教学 [J]．现代职业教育，2018（21）：
106.

[42] 刘歆立，黄真真．"形""神"统一视阈下的旅游礼仪文化意蕴探析 [J]．
南阳理工学院学报，2018，10（3）：86—90.

[43] 刘宗群．高校旅游礼仪课程教学改革研究 [J]．旅游纵览（下半月），
2018（2）：224.

[44] 胡小霞，邱卫娟．旅游礼仪课程与体验式教学的融合研究 [J]．旅游纵览
（下半月），2018（2）：192.

[45] 杨菁．全域旅游视角下公民礼仪素养提升路径研究 [J]．旅游纵览（下半
月），2017（16）：28.

[46] 吕翠华．体验式教学在"旅游礼仪"课程中的应用 [J]．教育观察（上半
月），2017，6（11）：82—83，91.

[47] 周爱梅．"素质本位"的高职旅游管理专业礼仪课程实践教学探讨 [J]．
新丝路（下旬），2016（10）：107，109.

[48] 殷姿，王颖哲．旅游礼仪课程定位与教学方法探讨：基于"能力本位"
和"素质本位"理论 [J]．新西部（理论版），2016（16）：149，160.

[49] 邱艳萍.旅游礼仪课程考核方法改革研究[J].旅游纵览（下半月），2016（16）：268.

[50] 伍育琦.基于网络学习空间的旅游礼仪课程改革与实践[J].现代职业教育，2016（22）：27.

[51] 裴智君.高职院校旅游专业礼仪教材改革方向探索[J].旅游纵览（下半月），2016（14）：238—240.

[52] 杜林梅.对中职旅游礼仪教育的思考[J].现代职业教育，2015（29）：155.

[53] 熊瑛.浅谈高职《旅游礼仪》课程教学改革创新[J].才智，2015（15）：222.

[54] 王晓娟，吴高潮.参与式教学法在《旅游礼仪》课程中应用探索[J].旅游纵览（下半月），2015（8）：263，265.

[55] 陈蕊.旅游礼仪课程实践教学改革浅析[J].新西部（理论版），2015（4）：118，125.

[56] 孙亮.旅游礼仪内涵教学的几点建议[J].旅游纵览（下半月），2015（2）：272.

[57] 刘诗妍.关于高职旅游礼仪教学模式的创新探讨[J].旅游纵览（下半月），2014（4）：291，293.

[58] 吕晓慧.高职院校酒店管理专业旅游礼仪教学改革初探[J].旅游纵览（下半月），2013（24）：119—120.

[59] 陈婷.高校旅游专业旅游礼仪课程教学改革探讨[J].山西广播电视大学学报，2013，18（3）：53—55.

[60] 刘坤梅.国内高校旅游管理专业礼仪课程教育教学研究综述[J].太原城市职业技术学院学报，2013（5）：151—152.

[61] 曾曼琼.高职旅游礼仪实训课教学现状及对策研究：以宜昌高职院校为个案调查[J].邢台职业技术学院学报，2012，29（5）：10—13.

[62] 魏趁. 旅游礼仪在旅游服务中的重要性研究 [J]. 中国集体经济，2012（27）：120—121.

[63] 黄蓉，詹丽. 旅游礼仪课程教学改革创新 [J]. 产业与科技论坛，2012，11（3）：152—153.

[64] 李玲. 浅议中职旅游礼仪课程教学改革 [J]. 科技信息，2011（24）：835.

[65] 谢艳. 旅游管理专业旅游礼仪课双语教学的体验与探索 [J]. 教育教学论坛，2011（9）：192—194.

[66] 谢新暎. 高校旅游专业旅游礼仪课程教学改革探讨 [J]. 长春理工大学学报（社会科学版），2011，24（2）：160—162.

[67] 采胤杉. 旅游礼仪课程"互动式"教学模式 [J]. 中国冶金教育，2010(2)：35—37.

[68] 何珍. 旅游管理专业礼仪课实训教学思考 [J]. 中外企业家，2010（6）：230—231.

[69] 李丽. 高职《旅游礼仪》课程改革与实践探索 [J]. 人力资源管理，2010（3）：90—91.

[70] 李好. 《旅游礼仪》与《导游实务》的互动关系研究：以地陪服务规程为例 [J]. 中国商界（上半月），2009（3）：30，42—43.

[71] 熊锦. 旅游礼仪研究综述 [J]. 湖南商学院学报，2008（2）：69—72.

[72] 袁睿. 高职《旅游礼仪》课程中翻转课堂教学设计与实践：以河北旅游职业学院为例 [D]. 石家庄：河北师范大学，2018.

[73] 李妮. 结合"能力本位"和"素质本位"理论的旅游礼仪课程定位探析与教学方法研究：以四川省高职高专院校为例 [D]. 成都：四川师范大学，2013.

[74] 李莉馥. 三螺旋视角下高职旅游管理专业礼仪素质教育研究 [D]. 沈阳：沈阳师范大学，2013.